A'I PHOBOL-2

Beti a'i Phobol - 2

Golygydd: Ioan Roberts

Argraffiad cyntaf: Tachwedd 2003

ⓗ *Gol: Ioan Roberts/Gwasg Carreg Gwalch*

Cyhoeddir o dan gynllun comisiwn
Cyngor Llyfrau Cymru.

Rhif Llyfr Safonol Rhyngwladol:
0-86381-861-7

Cynllun clawr: Sian Parri

Argraffwyd a chyhoeddwyd gan Wasg Carreg Gwalch,
12 Iard yr Orsaf, Llanrwst, Dyffryn Conwy, LL26 0EH.
☎ 01492 642031
📠 01492 641502
✉ llyfrau@carreg-gwalch.co.uk
Lle ar y we: www.carreg-gwalch.co.uk

Ers darlledu'r rhaglenni, bu farw tri o'r cyfranwyr,
sef Norah Isaac, O.M. Roberts a Wil Williams.
Cydymdeimlwn gyda'u teuluoedd a'u cydnabod.

Diolch i *BBC Radio Cymru* am ganiatâd i ddefnyddio tapiau o'r rhaglenni er mwyn llunio cyfrol arall ohonynt. Diolch yn arbennig i Tomos Morse a Lowri Davies am eu cymorth parod a'u diwydrwydd wrth gydweithio gyda'r wasg.

Cynnwys

'Mae rhyw deimlad twymgalon yn dod drosta i wrth weld yr arwydd CROESO I GYMRU'

Ioan Gruffudd

Actor

Darlledwyd: 14 Ionawr, 1999

Cerddoriaeth:
1. *Local boÿ in the photograph*: Stereophonics
2. *Breuddwyd Roc a Rôl*: Edward H. Dafis
3. *Everything must go*: Manic Street Preachers
4. *Pam fod eira yn wyn*: Dafydd Iwan

Beti George:

'Does dim yn rhoi mwy o bleser i fi na gweld ein pobol ifanc ni'n rhoi Cymru ar y map. Ac mae 'na garfan gre' ohonyn nhw ar hyn o bryd yn gwneud hynny heb gyfaddawdu dim ar eu Cymreictod. Yn ôl portread ohono ym mhapur newydd y Telegraph, mae'r un sy'n gwmni i ni heddi yn mynnu bod ennill bri i Gymru yn bwysicach iddo fe na'i lwyddiant e'i hun. Fe yw Gregory Peck y nawdege. Yr heart-throb newydd, a 'dyw hynny ddim yn syndod i fi. Ond mae'n actor o'r radd flaena' hefyd. Fydde fe ddim wedi ca'l 'i ddewis i chwarae rhan Hornblower na chwaith Pip yn Great Expectations oni bai am hynny.

Mae 'da ni'r darlun rhamantus yma o'r filmstar *yn ca'l bywyd digon o ryfeddod. Ond ydi hynna'n wir?*

Ioan Gruffudd:

Na 'di, dim o gwbwl. Dim o bell ffordd. Ma 'na adege pan y'n ni'n ca'l mwynhau'n hunen a ma'r darlun yna yn wir, ond 'rhan fwyaf o'r amser gwaith caled yw e, misoedd o waith caled wedi mynd mewn i greu'r darlun y'ch chi'n 'i weld ar y sgrîn. Felly 'dyw e ddim mor rhamantus â hynny, na.

Chi'n gorfod codi'n fore?

Codi'n fore y rhan fwyaf, marcie chwech neu pan fo'r wawr yn torri, fel bo nhw'n gallu defnyddio cyment o'r gole dydd â phosib ar gyfer y ffilmo.

Ac wedyn wrth gwrs y'ch chi'n gorfod ca'l ych coluro, ma' hynny'n cymryd amser?

Wel ydi, yn enwedig ar ôl codi fore ar ôl bore, ydi, ydi.

A'r rhanne y'ch chi 'di 'whare ynddyn nhw, ma'n rhaid ca'l colur.

Oes, oes. Plethu'r gwallt a cholur o dan y llyged ran fwyaf.

A ma' hynna'n cymryd orie wrth gwrs?

Odi, ma' hwnna'n cymryd marcie ugain munud i hanner awr ran fwyaf, ar gyfer y teledu, achos bod cyment o frys arnyn nhw, ac wedyn ma' isie gwisgo, a chlymu'r hen deis rhyfedd 'ma, wedi'ny ca'l rhywbeth i f'yta. Pan o'n i'n neud *Hornblower*, hwylio allan i fôr clir o'n i, ond mae'n dibynnu wedyn ble bynnag y'n ni'n teithio i'r set.

Yn Hornblower *hefyd gorfod ichi ddeifio mewn i'r môr ondofe?*

Do, do.

O'dd rhaid i chi neud hynny, achos o'dd 'na dwll ar ochor y llong on'd oedd e?

O'dd. Ma' hwnna wedi cafflo braidd, achos fe wnes i ddeifo mewn i'r Môr Du yn yr Wcraen, ond ma'r rhan o dan y dŵr wedi'i ffilm'o mewn tanc twym hyfryd yn *Pinewood*! Ond ar y pryd, pan gorffes i ddeifio mewn o'dd 'i'n ofnadw o oer, o'dd 'i 'dan bwynt rhewi, ac wrth edrych 'nôl dwi'm yn credu wnelen i fe 'to.

O'dd dewis 'da chi?

Dim lot, achos o'n i'n berson newydd, o'n i'm yn gwybod gwell, ac o'dd e'n edrych yn ddigon saff, ond o edrych 'nôl, dwi'm yn credu fydde hawl gyda nhw o ran yr yswiriant i 'neud e erbyn hyn!

Fydden nhw wedi ca'l ryw stuntman *neu rwbeth.*

Bydden siŵr, neu wedi sicrhau bod 'na ddeifiwr yn y dŵr gydag ocsigen neu beth bynnag, ond 'na fe, o'n i'n mwynhau'r ffaith taw pan weloch chi fe ar y sgrîn fi sy'n neud e.

Ond ma' 'na bethe da'n digwydd. Y'ch chi'n ca'l profiad o fyw mewn gwledydd eri'll wrth gwrs . . .

Dwi 'di gweld mwy o'r byd a gwbod am fwy o'r gwledydd yn y ddwy flynedd ddiwetha trwy weithio, na 'byddwn i 'di dysgu mewn llyfyr yn yr ysgol.

Ac wrth gwrs y'ch chi'n datblygu o hyd, ych crefft o actio.

Yn union, a dwi'n credu gyda'r grefft o actio, mai hyder yw wyth deg y cant ohono fe, a ma'r ffaith fy mod i wedi ca'l gwaith cyson yn y ddwy flynedd ddwetha yn magu hyder. Felly dyna pam dwi'n teimlo 'mod i wedi datblygu a dwi'n credu bod pobol yn dechre gweld a gwerthfawrogi hynny nawr, ac wedyn yn cynnig mwy o ranne i fi.

Ma' rhyw fenyw sy'n sgrifennu yn y Daily Telegraph *yn*

gweud y pethe rhyfedda amdanoch chi cofiwch, ond ma'i hefyd yn dweud bo' chi 'di datblygu'n emosiynol yn ystod y ddwy flynedd ddiwetha. Mae'n siŵr bod hynny'n wir, ydi e?

O ydi, fel y'ch chi'n dweud, y profiade o fod mewn gwledydd eri'll, cwrdd â phobol o dras gwahanol, a jest dod i arfer â'r math hyn o fywyd. Dwi yn gweld eisie gartre yn amal. Gweles i e llynedd pan o'n i bant. Felly, jest dod i arfer â'r ffaith 'mod i bant, 'mod i'n unig weithie, 'mod i wedi blino. Ma'r rhan fwyaf o'r peth yn dod o flinder. 'Dyw e ddim yn swno'n rhy wael codi am wech a dod 'nôl am wyth neu naw, ond jest neud e dro ar ôl tro, ddydd ar ôl dydd, dyna'r peth, am fisoedd ar y tro.

Y'ch chi'n dod mlân yn iawn gyda'ch cyd-actorion?

Rhan fwyaf, ydw. Pan gwrddes i â Robert Lindsey gynta' fe glicon ni yn syth. Ry'n ni'n ffrindie da ers hynny. Ond wrth gwrs, i fi, Robert Lindsey o'dd e, o'n i'n cofio'i weld e pan own i yn y coleg a'r holl bobol hyn dwi 'di ca'l cyfle i acto gyda nhw, ma'n nhw'n dal i fod yn sêr i fi, er taw nhw yw'r sêr gwâdd mewn ffordd i'n sioe i, ondife! Ond na, mae'n rhaid i fi binsio'n hunan sawl gwaith.

Great Expectations *yw'r peth y'ch chi newydd neud . . .*

Caiff hi ei darlledu ar y *BBC, BBC2* dwi'n credu, ym mis Ebrill rywbryd . . .

A chithe'n chware'r prif ran . . .

Chware rhan Pip, ie.

Ac wedyn un o'ch ffrindie, Daniel Evans . . .

Ie, yn ryfeddol, o'n i'n synnu 'mod i 'di ca'l cynnig y rhan o gwbwl, ac wedyn i weld bod fy ffrind i ynddo fe, wel o'dd e'n freuddwyd, chi'mbod.

Hynny yw, ma'r Cymry'n dechre dod yn boblogaidd 'to?

O ydyn, fi'n credu, ma' Cymry erio'd wedi bod 'na, ond ddim 'di ca'l y cyfle dwi'n credu, ddim 'di ca'l ein gwerthfawrogi a'n cydnabod fel cenedl. Ac yn sydyn iawn, gyda llwyddianne ffilmie fel *Trainspotting* a ffilmie Gwyddelig, mae'n trendi i fod yn Geltaidd. Neu ar y rhaglenni teledu ma' acenion gogledd Lloegr yn sydyn iawn yn boblogaidd. Dwi 'di bod yn lwcus iawn 'mod i'n byw yn yr adeg hon o newid.

Mae'n debyg, ers y dyddie pan o'dd Meredith Edwards a Huw Griffith a'r rhain wrthi, nad oes 'na ddim dau Gymro Cymraeg wedi bod ar y set gyda'i gilydd.

Na fi'n siŵr. O'dd e'n hyfryd achos 'na bydde Daniel a fi un funud yn siarad Cymraeg, achos bydden ni byth yn siarad Saesneg 'da'n gilydd, ac wedi'ny bydden nhw'n gweud *'Turn over, action!'*, ac wedyn fydden ni'n siarad yn yr acen Saesneg posh 'ma 'da'n gilydd a jest ffaelu credu'r peth.

Gyda'r acenion yma felly, y'ch chi 'di gorfod cyfaddawdu. Os ydych chi'n chwarae rhan Sais, neu beth bynnag, ma' raid i chi on'd oes?

O's. A digon teg. Actor ydw i a ma'r cymeriad, Hornblower, o Kent, a fydde fe wedi siarad ag acen Seisnig. Yn *Great Expectations* dwi 'di penderfynu rhoi acen o Kent i Pip i ddechre ac wedi'ny datblygu acen mwy niwtral Saesneg, wrth bod e'n mynd i Lunden a dod yn ŵr bonheddig ondife. Felly mae jest yn rhan o greu cymeriad, a dwi'n lwcus iawn bod gen i glust ar gyfer acenion, a dwi 'di ca'l yn hyfforddi hefyd yn Llunden, felly dwi'n gwbod fel i fynd ati i greu'r acen.

Ych record gynta' chi 'te Ioan.

Dwi 'di dewis y Stereophonics yn canu cân o'r enw *Local boy in the photograph*. Yn ddiweddar iawn dwi wedi dod i nabod y Stereophonics a deall bod nhw o Gwmaman, rhan o Gwm Cynon lle ces i fy magu, a dwi'n hoff iawn o lais Kelly Jones sy'n canu.

* * *

Llais Kelly Jones, y local boy *yma o Gwmaman, Aberdâr. A chithe, wel ma'r adroddiade papur newydd yma'n dweud bod chi 'di tyfu lan yn Aberdâr, un arall yn dweud bo chi 'di tyfu lan yn y Tyllgoed, Caerdydd . . .*

Mae e'n wir i radde achos ges i 'ngeni yng Nghaerdydd, yn Ysbyty Dewi Sant, a bues i'n byw ym Mhenarth am flwyddyn. Dwi'm yn cofio hynny wrth gwrs. Ac wedi'ny ges i'n magu yn Llwydcoed, Aberdâr a mynd i'r ysgol gynradd yn Aberdâr, Ysgol Ynys Lwyd. Gath Dad swydd fel athro Cymraeg yn Ysgol Penydre ym Merthyr Tudful, a dyna'r rheswm o'n ni lan yn Aberdâr. A dês i 'nôl i

Gaerdydd pan o'n i marce naw mlwydd oed, achos gath Dad swydd 'nôl yng Nglantâf yng Nghaerdydd, fel athro Cymraeg, wedyn fel dirprwy brifathro. Felly mae e'n wir i ryw raddau, y rhan fwyaf o 'mywyd dwi wedi bod yng Nghaerdydd. Ond mae fy magwraeth i yn ddwfn iawn yn Aberdâr, mae 'ngwreiddie i yno.

Nawr fe allech chi, yn ôl yr hyn dwi 'di glywed, fod yn gerddor. Allech chi hefyd fod yn chwaraewr rygbi. O'ch chi'n chware i dîm dan 15 Caerdydd, o'n i'n deall?

O'n. Fydde lot yn dadle na allen i byth fod yn chwaraewr rygbi mwy na o dan 15!

Achos ma'n nhw'n ennill arian go fawr y dyddie yma?

O ydyn, erbyn hyn. Digon teg, wi'n credu, iddyn nhw hefyd. Na, o'dd 'na draddodiad rygbi gwych yn Ysgol Glantaf, a fues i'n lwcus iawn i fynd ar daith rygbi i Ganada gyda nhw ac i fod yn gapten yr ail dîm. O'n i'm yn ddigon da i fod yn y tîm cyntaf fyth, ond o'n i'n hoff iawn o'r gêm a buodd Dad yn chware rygbi dosbarth cynta' i Lyn Ebwy a Phenarth. Felly o'dd rygbi'n rhan fawr o 'mywyd i, a rhan o gwricwlwm yr ysgol. O'n ni'n lwcus iawn, yn gallu neud nifer o bethe fel cerddoriaeth a drama, a rygbi ag ati.

Felly pryd benderfynoch chi mai actor o'ch chi'n mynd i fod?

Dwi'm yn gwbod. O'dd e'n siŵr o fod yn fy meddwl i ers y cychwyn, o'dd e'n freuddwyd. O'dd nifer o bethe'n freuddwyd ar y cychwyn, fel pob plentyn ifanc wi'n siŵr.

Y freuddwyd fydde cynrychioli Cymru ar Barc yr Arfe fel chwaraewr rygbi. Ond 'na fe, ddigwyddith hwnna byth!

Wedyn fe gawsoch chi ran yn Pobol y Cwm.

Do, i ddechre ges i ran yn y ddrama o'r enw *Austin* enillodd wobr sgrifenwyr drama newydd i Hazel Wyn Williams, gyda'r *BBC* yng Nghaerdydd a Gwyn Hughes Jones o'dd y cyfarwyddwr. Ges i gynnig y rhan pan o'n i'n un ar ddeg. O'n i'n dal yn yr ysgol gynradd ac felly hwnna o'dd y brêc cynta' mewn ffordd. Wedi'ny Gwyn o'dd yn cyfarwyddo ac yn cynhyrchu dwi'n credu pan ges i gynnig rhan yn *Pobol y Cwm* pan o'n i'n dair ar ddeg. A bues i ar *Pobol y Cwm*, fel mab i Reg a Megan, am saith mlynedd.

Aethoch chi i RADA, y coleg drama yn Llunden, wedyn?

Do. Fe geisies am y prifysgolion i neud drama. O'n i am fynd o Gaerdydd, felly ges i le ym Mhrifysgol Hull, ond benderfynes i petawn i'n ca'l lle mewn ysgol hyfforddi drama, fe elen i yno. A bues i'n lwcus iawn i ga'l mynd mewn i *RADA* ac i'r *Guildhall*, achos fe a'th Daniel [Evans] i'r *Guildhall* flwyddyn cyn i fi fynd i Lunden, a bues i'n aros gyda Daniel pan o'n i'n mynd lan am y *recalls* a'r *auditions* 'ma i gyd.

O'dd hi'n anodd arnoch chi yn RADA, pan aethoch chi i fewn?

O'dd. O'n i mor ifanc i ddechre, a hefyd o'n i 'di dod o gefndir Cymreig a Chymraeg 'i iaith, felly o'n i'n sydyn iawn yng nghanol dinas fawr ddieithr, yng nghanol criw o actorion, wel actorion ifanc o'dd yn hyfforddi, ac yn gorffod siarad Saesneg bob dydd, trw'r dydd. O'dd hwnna'n gam mawr. Ond o'n i'n dwlu, ac eto'n nerfus iawn ar yr un pryd.

A faint o waith gethoch chi wedyn? O'dd hi'n galed i ddechre?

Bues i'n lwcus iawn i ddechre, a dweud y gwir. Ges i gynnig swydd i chware mab Jason Isaacs a Siobhan Redman mewn drama enillodd wobr ysgrifennu drama yng Nghaerdydd. Felly dês i gartre am bythefnos i w'itho. O'dd e'n hyfryd, ac i w'itho yn Saesneg gyda'r actorion gwych 'ma. Ac wedi'ny ges i gynnig rhan Jeremy Poldark yn *Poldark*, o'dd i fod y peth newydd, y gyfres newydd wych 'ma. Felly ar y cychwyn o'n i'n hedfan. O'n i'n meddwl 'dyma fe, co ni off'. Ond dda'th *Poldark* ddim mas tan bron i flwyddyn ar ôl hynny, ac wrth gwrs o'dd hi'n fflop yn nherme teledu. Felly fe ddysges i'n gynnar iawn i beidio â disgwyl dim yn y byd 'ma.

Fuoch chi heb waith am gyfnod?

Do, fues i heb waith wedi'ny am bron i bum mis, sy' ddim yn lot i gymharu â rhai pobol. Es i i wneud gweithdy yn y *National Theatre* am wyth wythnos, gyda dramodydd o'r enw Nick Ward, a ges i gyfle wedi'ny i wneud drama gyda fe yn y *Gate Theatre* yn Notting Hill am dri mis. Gw'itho am ddim, fel yw'r sefyllfa yn y *Gate Theatre*, ac o'dd hi'n eitha caled. Ac yn sydyn iawn, dros nos weden i, o fod mewn dyled, yn gw'itho am ddim yn y *Gate Theatre* i ga'l swydd yn *Wilde*, ac wedi'ny *Titanic*. O'dd e'n rhyfeddol, fel ddigwyddodd pethe.

A'ch record nesa' chi?

Edward H. Dafis yn canu *Breuddwyd Roc a Rôl*. Pan o'n i'n yn arddege do'n i ddim yn gwrando ar y siartie Saesneg gym'int â hynny a dylanwade Cymraeg o'dd gen i, felly do'n i ddim yn cŵl iawn yn yr ysgol, gan 'mod i'n licio'r holl fandie Cymrâg 'ma. Ond fel teulu, fuon ni'n chware casetie Edward H. yn y car i bob man o'n ni'n mynd, a dwi'n gwbod bron i bob brawddeg o'r caneuon tu fewn tu fas. Ma' *Breuddwyd Roc a Rôl* yn adlewyrchu'r breuddwydion a'r gobeithion o'dd gen i yn y cyfnod hynny.

*   *   *

O'dd raid i chi wedyn, mae'n siŵr, benderfynu ar y cyfrwng, hynny yw ffilm, teledu, theatr?

Fel actor ifanc sy'n dechre mas mae'n amhosib dewis beth y'ch chi am neud. Ma'r gwaith yn dod ata'i ac wedyn ydw i'n 'i gymryd e neu beidio. Ond bues i'n lwcus, ar ddiwedd neud y sioe yn y *Gate Theatre*, ges i gynnig rhan Romeo lan yn Theatr Stoke, ac ar yr un pryd es i lan am gyfweliad ar gyfer *Wilde* a *Titanic*, ond gorfu i fi ddweud wrth Theatr Stoke cyn i fi wbod canlyniad y cyfweliad ar gyfer *Wilde* a *Titanic*, felly o'dd hwnna'n benderfyniad caled iawn. O'dd rhywun yn cael cynnig un o'r prif ranne mewn drama Shakespeare, o'n i rioed wedi ca'l y cyfle hwnnw yn y coleg. Ond o'dd rhywbeth o'n i ddim yn hapus gyda fe yn y cyfweliad, ac fe benderfynais i ddweud 'Na'. Bythefnos ar ôl 'ny, gês i wybod bo fi 'di ca'l y rhan yn *Wilde*, a'r bonws ychwanegol o'dd ca'l y

19

rhan yn *Titanic*. O'dd e'n gyfnod rhyfeddol iawn.

Gweithio gyda Stephen Fry ar Oscar Wilde. Shwd brofiad o'dd hwnnw?

Dim ond chwech i saith diwrnod fues i ar y ffilm o gwbwl. Ond pan ges i'r rhan o'n i mor falch, achos es i lan am y rhan gafodd Michael Shea i gychwyn, ond fe gath gynnig y rhan honno, a gynigodd y cyfarwyddwr y rhan 'ma, John Gray, i fi. O'n i wrth 'y modd bod e 'di meddwl cynnig rhan i fi o gwbwl. Ond o'dd cwrdd â Stephen Fry am y tro cynta', wel o'dd hwnna'n wych, chi'mbod. Cwrdd â rhyw seren o'n i'n nabod ar y teledu, o'r holl *comedies* 'ma, ontife, o'dd e'n neud. A'r prynhawn cynta' gwrddes i ag e, gorffes i fynd mewn i'r ystafell rihyrsio ac wedyn, bant â ni 'te, reit, wnewn ni'r olygfa garu. A dyna ble o'n i'n noethlymun yn sefyll o flaen Stephen Fry yn ei gusanu fe, ac o'n i newydd gwrdd â fe bum munud cyn 'ny, felly, o'dd e'n brofiad rhyfedd iawn!

Shwd y'ch chi'n gneud rhywbeth fel'na, pan ma' rhaid i chi neud rywbeth sy'n . . .

Wel, yn nherme actio, bydden i'n personoleiddio cymeriad Wilde fel rhyw fenyw hyfryd, wych, y bydden i'n ei haddoli, ac wedi'ny ma'r peth corfforol . . .

O'dd raid i'r switch 'ma weitho yn y pen?

O'dd, o'dd. Ry'n ni'n dod i arfer â'n cyrff yn hunan a dysgu am hwnna yn y coleg, rhywbeth meddyliol yw e, ac actio ydw i. Nid fi yw e, ond fi fel petawn i yn John Gray.

Achos o'dd hwnna'n siŵr o fod yn brofiad felly, on'd oedd?

O'dd, oherwydd 'na'r tro cynta' i fi ga'l cynnig rhan mewn ffilm, ond mi wnes i olygfa yn y coleg, rhywbeth tebyg, gyda bachgen arall ble bu raid i ni reslo yn noethlymun neu rwbeth, mewn rhyw ddosbarth. Felly o'n i 'di ca'l profiad fel'ny o'r blaen. Dwi ddim yn meddwl am y peth. Fel o'n i'n gweud, y'n ni'n dysgu am yn cyrff a bod yn rhydd gyda'n cyrff, ac o'dd hynna'n iawn.

Beth o'dd ymateb ych rhieni pan welon nhw'r ffilm 'ma?

Chwarae teg, ma'n rhieni a 'nheulu i 'di bod yn gefnogol ar hyd yr amser. Ond o'dd 'y mrawd i, o'dd e yn Aberystwyth ar y pryd ac yn dweud 'O Ioan alla i ddim mynd i weld y ffilm yn Aber 'da'n ffrindie i gyd! Beth wedan nhw?' Ac wedyn gweud 'tho Mamgu . . . Ond na, chi'mbod, o'n nhw'n deall yn iawn taw actio ydwi. Ond o'dd 'y mrawd Alun wrth 'i fodd wedyn pan wedes i 'O dwi 'di ca'l rhan yn *Titanic*', a wedodd e 'Gwych, gwych, alla i fynd i weld honna'.

Sawl brawddeg o'dd 'da chi yn Titanic, Ioan?

O, dwi'm yn gwbod, ar y sgript, dwy neu dair dwi'n credu, ond fe ddatblygodd fel y rhan sydd yn y ffilm, i fod yn fwy oherwydd, dywedodd James Cameron, 'Ni'n mynd i improfeiso o gwmpas y pwnc'. Felly pan gyrhaeddes i fe wedodd e, *'Right, improvise, improvise!'* O'n i'n mynd, 'O bois bach, 'sda fi gynnig i improfeiso'. Dwi ar goll heb sgript.

Shwt un yw James Cameron i weithio 'dag e, achos mae e'n gyfarwyddwr o fri. Hawdd neu anodd?

Anodd, i fod yn onest. Dwi'm yn gwbod, mae e'n gyfarwyddwr sy' 'di cynnig rhan i fi, ma' rhaid ca'l parch tuag ato fe, a ma' rhaid iddo fe ga'l parch aton ni hefyd fel actorion, a weithie o'n i'n teimlo falle bod hwnnw ddim yn bodoli. Ond ta waeth, o ran cyfarwyddo mae e yn athrylith o foi a mae e'n obsesiwn gyda fe. O'dd *Titanic*, yn ôl y sôn, wedi bod yn obsesiwn iddo fe am ugain mlynedd. Felly dyma'i gyfle fe i neud y ffilm.

Beth o'ch chi'n feddwl am y ffilm Titanic *wedyn?*

Dim ond dwywaith dwi 'di'i gweld hi, a dwi'm 'di iste ac edrych arni ddi yn wrthrychol. Mae'n amhosib dwi'n credu, gan fy mod i ynddi. Ond o'n i wrth fy modd gyda'i. Dwi'n hoff iawn o bethe rhamantus, dwl fel'na, ond o'n i'n *impressed* iawn gyda'r effeithiau ondife. Ac wedyn pan ddês i ymla'n o'n i'n eitha siomedig. O'n i'n meddwl 'Cer o man hyn'. O'n i 'di chwalu'r stori i fi wedyn, o'n i 'di anghofio 'mod i ynddo fe. O'n i'n mwynhau y stori garu, ond yn sydyn iawn o'n i yna. Ond 'na fe.

Wedyn wrth gwrs, yr Hornblower. *A mae'n debyg bod llwyddiant y gyfres honno'n dibynnu'n llwyr arnoch chi?*

O'n i'n hynod o falch 'bod nhw 'di cynnig rhan Hornblower i fi, achos o'n i'n gwbod pan ddarllenes i'r sgript, 'Gallen i whare'r rhan hyn fel'na, dim problem'. Ac wrth gwrs dwi'n deall fel ma'r busnes yn gweithio, bod isie enw arnyn nhw ac felly pan gynigon nhw'r rhan i rywun nad o'dd neb yn 'i adnabod, o'dd e'n dipyn o risg iddyn nhw. O'n nhw 'di gwario miliyne ar y llong hefyd, a phan gyrhaeddodd y llong ar y set wi'n 'cofio nhw'n gweud, 'Ma' hwnna i ti, ti'n deall hynna, ma' dyfodol y sioe 'ma ar dy sgwyddau di'. Ond wnes i ddim meddwl am y peth, o'n i jest yn falch o chwarae'r rhan. O'n i'n ca'l fy nhalu i fod yn actor, a 'na fe.

Tair miliwn am bob dwy awr gostiodd e, ie?

Mm. Gallech chi neud dwy *Trainspotting* am hynna.

A 'byti, be, gant o raglenni Cymrâg?

Dwi'm yn gwbod – cofiwch o'dd hanner hwnna'n mynd i dalu 'nghyflog i! Na, o'n i'n gallu deall y pwyse arno fe, o'n i wedi bod ar y ffilm fwya erio'd, gostiodd dri chan miliwn i neud . . .

Hefyd y ffilm Solomon a Gaynor. *Mae'n wahanol iawn i weithio drwy gyfrwng y Gymraeg siŵr o fod, o safwynt adnodde.*

Ffilm Saesneg o'dd hi'n wreiddiol. Wnaethon ni ddi yn Gymraeg ac yn Saesneg, ond ffilm Saesneg o'dd 'i, a gafodd 'i chyfieithu i'r Gymraeg o'r Saesneg felly, pan dda'th *S4C* â'r arian. Ro'dd nifer o'r golygfeydd yn gw'itho yn naturiol ac yn well yn y Gymraeg, ac o'dd nifer ohonyn nhw'n well yn y Saesneg, oherwydd mai yn Saesneg gafodd hi 'i ysgrifennu, ac felly o'dd rhythm y darn yn well yn y Saesneg mewn rhai mannau. O ran actio yn y Gymraeg, mae'n beth rhyfedd ond dwi'm yn teimlo mor gyfforddus rywsut. Dwi'm yn gwybod pam, falle gan 'mod i 'di ca'l yn hyfforddi yn yr iaith Saesneg, dwi ddim 'di ca'l yn hyfforddi fel actor yn yr iaith Gymraeg. Dwi ddim 'di ca'l blas o actio yn y Gymraeg ers neud *Pobol y Cwm*.

Y'ch chi 'di dringo'r ysgol yn rhy bell ichi ddod 'nôl nawr i neud pethe Cymrâg?

Na. Na. Dwi ddim yn . . .

Chi'mbod o safbwynt pethe mor sylfaenol ag arian? Achos, wrth gwrs, 'dyw'r arian ddim yma, y byddech chi'n ca'l 'i gynnig yn y ffilmie mawr 'ma.

Dwi'n gobeithio bod pobol ddim wedi meddwl bo' fi'n meddwl nac yn teimlo fel hynny, a fues i'n ôl i Gymru i neud pennod o'r *Heliwr* gyda *Lluniau Lliw* a Peter Edwards . . .

Ond dim byd mwy na hynny hyd yn hyn?

Dim hyd yn hyn. A dwi 'di dod 'nôl i neud nifer o waith dybio gyda Pat Griffiths . . .

. . . ych modryb.

Fy modryb, ie. Dechreuodd hwnnw pan o'n i'n ifanc iawn, a wi'n falch bod y peth wedi datblygu. Ma' hwnna'n beth diddorol iawn hefyd, dybio. Mae'n sgil arbennig dwi'n credu, a mae'n galed iawn.

Ych record nesa', ma' raid i ni ga'l y Manics on'd oes?

O's. Dês i'n gyfarwydd â cherddorieth y Manic Street Preachers trwy fy ffrind gore i, Matthew Rhys. Fel Matthew Evans dwi'n 'i nabod e, ond Matthew Rhys yw 'i enw llwyfan e. Buon ni'n byw 'da'n gilydd am chwe mlynedd lan yn Llunden. Buon ni'n byw yn *Kilburn* a *Willesden Green*, ac o'dd e'n hyfryd i ga'l Cymro Cymrâg yn yr un coleg, yn yr un tŷ. Chi'n gallu siarad Cymraeg bob dydd, a ni'n ffrindie gore, chi'mbod, i'r carn. Fe nath 'y nghyflwyno i i'r Manics, a wi'n cofio nifer o foreue dydd Sul braidd yng *hungover* ondife, yn glanhau'r fflat gyda Manics neu Elvis neu Tom Jones yn canu trw'r fflat.

*   *   *

Wel, Ioan, beth am y leading ladies *'ma sy' 'di bod 'da chi? Y menywod hardd 'ma fel Kate Winslett a Nicole Kidman. O's 'na demtasiwn wedi bod fan'na nawr?*

O na, na. O'n i'n ffrindie da gyda Kate achos o'n ni 'run oedran pan o'n ni'n gweithio ar *Titanic*, a buon ni'n ffrindie am gyfnod pan ddaethon ni o 'na. Ond fel mae gyda gwaith, mae hi 'di bod bant ondife, i bendraw'r byd yn gw'itho, a dy'n ni ddim wedi siarad am sbel. Nawr mae'n briod. Ond jest fel ffrindie oedden ni, wi'n siŵr bod nifer yn dweud yn wahanol – y wasg eto, ond 'na fe. A chyda Nicole – o'dd yn *street cred* i yn y dafarn 'da'r bois lan fan hyn rywle! Ond pan gwrddes i ddi o'dd e'n un o'r siomedigaethe bach 'ma. O'dd hi'n hardd ofnadw . . . Ond dwi'm yn gwbod, o'dd jest cwrdd â hi, o'dd y ddelwedd 'na wedi diflannu.

Beth nesa' 'te Ioan, fasech chi'n licio mynd i Hollywood?

O diawch, wrth gwrs, bydden i wrth 'y modd a dwi'n siŵr 'sech chi'n gofyn i bob actor o'n oedran i, y bydden nhw wrth 'u bodd. Dyna **y** freuddwyd ondife. A chan 'mod i 'di ca'l blas bach ohono fe, o fod ar y *Titanic*, dwi isie mwy nawr yn naturiol, ond eto dwi'n deall fel ma'r holl system yn gweithio. Mae bron yn *Catch 22*, os nad y'ch chi'n enw, gewch chi ddim rhan mewn ffilm, achos ma'n nhw isie y person yna i hybu'r ffilm ac i ga'l arian i'r ffilm. Felly ma'n anodd i dorri trwyddo.

Beth yw'r peth nesa?

Dwi 'di ca'l cynnig rhan milwr ifanc sy'n rhan o fyddin y Cenhedloedd Unedig yn Bosnia, yn ystod rhyfel Bosnia. Mae'n sgript fodern i'r *BBC*. Drama dwy ran yw hi a'r cyfarwyddwr yw Peter Kosminsky, dyma'r rhan fodern, gyfoes gynta dwi 'di ca'l 'i chynnig.

Ac eto, iwnifform?

Iwnifform arall, ie. Ond, o leia' ga'i ddal gwn tro hyn yn lle cleddyf, neu un o'r pistols bach 'na!

Beth yw'ch hoff ffilm chi gyda llaw?

Wel, ma' nylanwade i, ar y cychwyn trwy fy nheulu. Ma' Dad wastad 'di whare cowbois! Bydde fe 'di whare cowbois yn blentyn, ac o'n i'n whare cowbois yn blentyn. Ddim heddlu, dim *cops and robbers*, ond cowbois. Felly ma' dylanwadau'r *westerns* yn gryf iawn. Ond ma' raid i fi

26

ddeud taw *Magnificent Seven* yw un o'n hoff ffilmiau i. O, yn wych, a *Butch Cassidy and the Sundance Kid* falle.

Ac wedyn beth am actorion, achos ma' dyn yn meddwl am Richard Burton, Anthony Hopkins . . .

Wrth gwrs, ma'n nhw'n arwyr oherwydd 'bod nhw'n Gymry a' bod nhw mor wych. Dwi'n hoff iawn o Robert de Niro, Al Pacino a James Stewart. Ma' nifer ohonyn nhw. Dwi'n hoff o Gary Oldman, yn ddiweddar dwi 'di dod i werthfawrogi 'i waith e.

Wel nawr 'te, meddwl amdanoch chi yn teithio neu'n byw yn Llunden a Cha'rdydd yn ddinas sy' erbyn hyn â'r ysbryd newydd yma yn perthyn iddi ymhlith yr ifanc. Y'ch chi'n hiraethu am hynny?

Ydw. A dwi'n dod 'nôl gymaint ag y galla'i i Gaerdydd. Pan deithiais i lawr i Gaerdydd, wel heddi, o'n i'n dod trw'r twnel ac wedyn gweld yr arwydd, 'Croeso i Gymru', 'does dim deigryn ond ma' 'na ryw deimlad twymgalon yn dod drosta'i bob tro. Dwi'n gwbod bod e'n swnio'n rhamantus, ond mae'n wir. A ma'r siwrne o Paddington i Ga'rdydd, ma'r storïau y gallen i ddweud am y siwrneoedd 'ny, yn enwedig os yw Matthew a fi 'da'n gilydd. Fi'n cofio llynedd, gwmpon ni bant o'r trên amser Nadolig, yn llythrennol, o mae'n daith hynod! A hefyd dod 'nôl i weld geme rygbi, glirion ni gabin yn llwyr unwaith gyda chriw o fois o Ffrainc, pan o'dd Ffrainc yn whare Cymru yn Gaerdydd. Oedden ni'n dod 'nôl i weld y gêm, diawch dyna ble o'n nhw 'da bocsed mawr o win coch, ac o'dd llyfr canu 'da nhw. O'n nhw'n canu ac wedyn o'dd raid i ni ganu. O'dd e fel ryw fath o frwydr canu ar y trên, a dim ond fi a Math a'r holl fois rygbi 'ma o Ffrainc.

Ond pam felly, byw yn Llunden?

Dyna ble ma 'ngwaith i. A dyna ble bydda i'n mynd am gyfweliade, falle ddwywaith, deirgwaith yr w'thnos.

Achos ma' 'na griw go dda ohonoch chi, o actorion yn gorfod byw felly yn Llunden.

Dyna ble ges i'n hyfforddi a dyna, dwi'n teimlo, ble ma'r theatr gore a'r gwaith teledu a ffilm gore. Dyna ble ma' canolbwynt yr holl beth. Dyna'r unig reswm dwi yno, a dwi erbyn hyn wedi dod i hoffi'r lle. O'n i'n casáu y lle pan o'n i yn y coleg, ond ma'r lle'n tyfu arnoch chi. Yn enwedig os o's gwaith ac arian wrth gwrs. Ond dwi yn hiraethu ac yn dyheu bob dydd bron am ddod 'nôl, ond fel o'n i'n gweud, gan fod gwaith a phethe i gadw fi fynd lan yna, mae'n grêt, mae'n fywyd braf iawn. A dwi'n lwcus iawn.

A'r record ola'?

Dwi 'di penderfynu ar Dafydd Iwan a'r gân *Pam fod eira yn wyn.* Dwi'n siŵr taw dyma un o'r caneuon cynharaf dwi'n 'u cofio, oherwydd bod Dad a Mam wedi bod yn canu'r gân 'ma i helpu fi i gysgu pan o'wn i'n fabi bach! Felly mae'n gân sy'n agos iawn at 'y nghalon i.

'Y peth tebyca welais i rioed i gyfarfod diwygiad' – Prif Stiward Cyfarfod Croeso Triawd Penyberth

O.M. Roberts

Gwladgarwr tanllyd

Darlledwyd: 28 Tachwedd, 1985

Cerddoriaeth:
1. *Cerdd yr Hen Chwarelwr* (W.J. Gruffydd): Ryan Davies a Rhydderch Jones
2. *Tylluanod* (R. Williams-Parry): Hogiau'r Wyddfa
3. *Y Sipsiwn* (Islwyn Ffowc Elis): Côr Maelgwn
4. *Hon* (T.H. Parry-Williams): Rhydwen Williams
5. Saunders Lewis mewn sgwrs gydag Aneirin Talfan Davies
6. *Twm Pen Ceunant* (W.J. Gruffydd): Côr Godre'r Aran

Beti George:

Gŵr y mae bywyd yn un pwyllgor diddiwedd iddo. Dyna'r argraff ges i ar ôl darllen rhywfaint amdano. Fe yw Cadeirydd Cyngor Gwynedd. Fe fu'n Gadeirydd Pwyllgor Addysg Gwynedd ac ar Is-bwyllgor Iaith a Diwylliant y Cyd-bwyllgor Addysg. Mae ar Gynghorau Prifysgol Cymru a Choleg Prifysgol Bangor ac ar Gorff Llywodraethol y Coleg Normal. Fe fu'n Gadeirydd Ynadon Llandudno. A'i ddiddordebau? Drama, gwleidyddiaeth a golff! . . . Ac ma'i atgofion am losgi'r ysgol fomio ym Mhenyberth yn rhai byw iawn.

Beth yw'r O.M. 'ma 'te, achos ma' pawb yn ych nabod chi fel O.M?

O.M. Roberts:

Owen Morris, a phan fydda i'n clywed rhywun yn dweud Owen Morris, dwi'n gwybod 'u bod nhw o ardal fy mhlentyndod i.

Achos dim ond rheiny sy'n ych nabod chi fel Owen Morris?

Ia. Pan es i'r coleg daeth yr O.M.

Mae'n rhaid ych bod chi'n ddyn sy'n hoff o bwyllgora, 'sen i'n meddwl?

Ddim yn or-hoff.

Felly pam y'ch chi ar yr holl bwyllgorau 'ma?

Mae'r argraff ydach chi 'di roid nag ydw i'n gneud dim byd ond pwyllgora . . . Fasa bywyd yn fwrn pe basa hynny'n wir.

Dwi'n siŵr y bydde fe. Nawr 'te ca'l ych geni a'ch magu, tan yn wyth oed beth bynnag, yng Nglasgoed. Nawr ble ma' Glasgoed?

Plwy' Llanddeiniolen. A ma' plwy Llanddeiniolen yn estyn bron o'r Fenai, o afon Menai i fyny i dop Elidir uwchben chwarel Dinorwig.

Mae'n swnio'n ardal hardd ac yn ardal ddiddorol.

Mae'n ardal hardd, ond tir gwael, caregog, llwm at ei gilydd. Tir o dyddynwyr, a'r tyddynwyr bron i gyd â rhyw aelod o'r teulu yn y chwaral yn gweithio. Chwarelwyr a thyddynwyr oeddan nhw. Ardal wledig.

A dyna oedd hanes ych teulu chi ie?

Chwarelwr oedd 'y nhad, ia.

Ac yn ardal hanesyddol hefyd yntydi?

Ydi. Er enghraifft, enw 'nghartra i oedd Glyn Arthur. Yn ymyl mae Ffynnon Gegin Arthur, heb fod ymhell mae Dinas Dinorwig, neu Pencaerau oeddan ni'n blant yn 'i galw hi. Felly mi oeddan ni yng nghanol ardal hanesyddol.

O'ch chi'n ymwybodol o hyn pan o'ch chi'n blentyn?

Nac o'n, doeddan ni ddim yn ymwybodol. A chaethon ni'm gwybod yn 'rysgol chwaith.

Ma' pethe wedi newid oddi ar hynny?

Ma'n nhw wedi newid, ydyn.

Hynny yw, ma' plant ysgol heddiw yn clywed am y pethe 'ma?

Wel, yn yr ysgolion gora. Yndyn.

Ac R. Williams Parry, wrth gwrs, wedi sgwennu esboniad ynte?

Wel wrth gwrs, pan oedd o yn Ysgol Sir Brynrefail yn athro, yn y flwyddyn 1910, pan enillodd o ar Awdl yr Haf, mi fydda'n cerddad o Brynrefail drwy'r ardal dwi 'di'i henwi 'thach chi rŵan, amal iawn hyd at afon Cegin, yr afon fechan lle boddodd Dafydd Ddu Eryri, ac os 'dach chi'n cofio, yn y soned 'Ymson ynghylch Amser', mae o mewn cromfachau o dani 'Ar y gaer uwch Ffynnon Gegin Arthur'. Pan oedd o'n byw ym Methesda mi fydda'n dod â'i gar at y gaer 'ma ac yn cerddad o gwmpas, a glywish i o'n deud fwy nag unwaith am y gors islaw, bod 'na fwy o amrywiaeth o adar yno nag yn unrhyw ardal arall yng Nghymru.

Allwn ni ga'l cwpwl o linelle . . .

'Hon ydyw'r afon, ond nid hwn yw'r dŵr
A foddodd Ddafydd Ddu. Mae pont yn awr
Lle'r oedd y rhyd a daflodd yr hen ŵr
I'r ffrydlif fach a thragwyddoldeb mawr.'

A'r diwedd wedyn,

'Rhyfedd yw ffyrdd y Rhod sy'n pennu tymp
I'r ffrwyth a ddisgyn ac i ddyn sydd wêr, –
Y chwrligwgan hon a bair na chwymp
Oraens y lleuad a grawnsypiau'r sêr.
Ow! Fory-a-ddilyn-Heddiw-a-ddilyn-Ddoe:
Pa hyd y pery echelydd chwil y sioe?'

Ych record gynta' chi nawr 'te O.M.

Mab i chwarelwr yn gofyn am *Cerdd yr Hen Chwarelwr*
W.J. Gruffydd.

*   *   *

*Fe symudoch chi i Lanrug yn wyth oed. Faint o newid oedd
hynny i chi?*

Dipyn o newid o ardal gwbwl wledig. Er, cofiwch, rhyw
ddwy filltir oedd y pelltar. Pentra bywiog iawn oedd
Llanrug. Oedd hi'n hawdd iawn i blentyn wyth oed, wrth
gwrs, symud.

*Fe eloch chi i ddwy Ysgol Sir, i Ysgol Brynrefail ac Ysgol
Caernarfon.*

Do. Ysgol Brynrefail oedd yr ysgol naturiol, ysgol y
dalgylch fel ma'n nhw'n deud rŵan. Ond ar ôl i mi
basio'r *Senior*, fel o'ddan ni'n galw'i radag honno, Lefel O
wedyn 'te, o'n i isio gneud mathemateg ar gyfer yr *Higher*,
a do'ddan nhw ddim yn barod i ymgymryd â'r gorchwyl

anodd hwnnw, o ddysgu mathemateg i mi, ac fe berswadiodd y Prifathro fy nhad, fel oedd hi waetha, i'n symud i i Gaernarfon.

Fel oedd 'i waetha meddech chi. Pam?

O, dwy ysgol gwbwl wahanol. Brynrefail yn Gymraeg 'i hiaith cyn bellad ag oedd y plant yn cwestiwn, a'r rhan fwya o'r athrawon yn Gymry Cymraeg. Ysgol gartrefol. Ysgol dipyn mwy cymysg 'i hiaith yng Nghaernarfon a'r athrawon bron i gyd yn Saeson. Ddim yn agos mor gartrefol.

Ond fe eloch chi 'mlaen i Goleg Prifysgol Bangor yn do . . .

'Swn i'n hoffi deud un peth am yr ardal. 'Dach chi'n gwbod, pan o'ddan ni'n yr ysgol, pan o'n i'n rysgol Gaernarfon er enghraifft, do'n i'n ca'l dim byd ond gwyddoniaeth. Dim sôn am lenyddiaeth, dim sôn am farddoniaeth na dim byd. Ond o'n i wedi 'i ga'l o yn y capal. O'ddan ni'n cael cystadleuaeth ac ro'dd y testunau'n amrywiol. Oeddan nhw'n 'i roid o yn fan honno ac mi oedd cyfarfodydd y capal yn fy nghadw fi'n ffres.

Ond synnu 'dw i na fasech chi felly wedi gwneud llenyddiaeth yn yr ysgol yn hytrach na mathemateg a gwyddoniaeth.

Chawn i ddim neud o a gneud mathemateg. Pe bawn i wedi bod digon doeth adag honno i ddeud 'Cymraeg amdani' mi fasa popeth yn iawn.

Mlaen i Goleg Prifysgol Bangor ynte. O'ch chi'n garfan gre' o Gymry pybyr, gweithgar on'd o'ch chi?

Gre' iawn, o'dd mwyafrif y myfyrwyr yn Gymry yng Ngholeg Bangor 'radag honno, ac yn 'u mysg nhw, dynion ddaeth yn amlwg iawn, iawn ym mywyd Cymru wedyn . . . Thomas Parry, John Gwilym Jones, Bleddyn Jones Roberts, amryw byd fel'na.

A'r gymdeithas wedyn, yr GGG.

Ia, cymdeithas y tair G, y Gymdeithas Genedlaethol Gymreig. Rhai o'r dynion 'na dwi 'di enwi rŵan a, dudwch, rhyw ddau ddwsin arall, a Robat Williams Parry yn gadeirydd. Ac mi gês i 'nerbyn yn y flwyddyn gynta' i'r gymdeithas yma, a dyma oedd y croeso i mi ac i un neu ddau arall oedd yn newydd: 'Does 'na ddim byd i'ch cadw chi oddi yma, ond angau, neu rwbath all esgor ar angau'. Dyna'r rhybudd.

Ydi hi'n iawn i ddweud bod hon wedi troi wedyn yn gymdeithas wleidyddol?

Ydi . . . Mi drodd yn gangen o Blaid Cymru, ac fe gollwyd rhai aelodau wrth gwrs.

Y gwaith coleg nawr 'te yn y cyfamser?

Roedd rhaid 'i neud o on'd oedd, rhaid mynd i ddarlithoedd digon diflas, darlithwyr diflasach fyth, ond dyna fo.

Ond fe gethoch chi radd?

Mi ges i radd, do. Ac mi oedd y bedwaredd flwyddyn yn flwyddyn hapus iawn i bob un oedd yn mynd yn athro, achos doedd 'na ddim llawar o waith. Ond mi oedd 'na ddeg darlith gan Robat Williams Parry ar ddysgu Cymraeg yn yr ysgolion, a dyma fo'n deud yn y gynta', 'Telynegion fydd 'y mhwnc i'. Wel, ardderchog 'te! A dyna'r unig ddarlithoedd y cês i wirioneddol, be ddeuda i, wefr ohonyn nhw yn y coleg. Oedd o'n sôn am 'Medi', Eifion Wyn, a dwi'n 'i glwad o rŵan bron iawn yn deud, 'Croeso Fedi mis fy serch'.

Dwi'n dal i ddweud nad mathemateg a ffiseg, neu wyddoniaeth, ddyle fod ych pyncie chi yn nage?

Dwi 'di deud hynny ers tro!

A'ch ail record chi? Un o delynegion R. Williams Parry . . .

Ia, *Tylluanod*, a mae 'na amryw o resyma. I ddechra mae o'n sôn am y 'dŵr difwstwr ym Mhen Llyn' – Pen Llyn Padarn. Wn i'm 'dach chi 'di bod ar ben llyn Padarn, ar y bont, pan ma'r haul ym machlud gyda'r nos, wir 'do's 'na ddim golygfa well yn y byd. Dwi 'di crwydro gryn dipyn, ond tydw'i ddim wedi gweld yr un harddach na honna. A hefyd ma'n nhw'n sôn am Llwyncoed, o'ddan ni'n 'i basio fo o hyd. A rheswm arall, Hogia'r Wyddfa'n 'i chanu hi, ac roedd taid Arwel, Hogia'r Wyddfa, roedd gynno fo gôr yn Llanrug, a dyna'r unig gôr y bûm i ynddo rioed.

* * *

Wedyn fe ddaeth yn amser i chi ddechre chwilio am waith?

Do, ac roedd hi'n adag anodd iawn. Anodd iawn, iawn cael swydd. Ac mi fûm i'n ddigon ffodus i gael swydd yn Llundan, a hynny ar fis Mai cyn gorffan yn y coleg.

Ffodus i ga'l swydd yn Llunden?

O ia. O'n i wrth fy modd 'na.

O'dd 'na bobol o Lunden wedi dod i'r coleg i chwilio am athrawon, fel 'na o'dd pethe'n gweithio?

Oedd, oedd 'na ddau o Lundan wedi dŵad i holi, oeddan nhw 'di dewis rhyw restr fer o ddeuddag allan o bawb o'dd yn cynnig. Un cwestiwn oeddan nhw'n holi i mi oedd 'Pam o'dd argae Llyn Eigiau uwchben Dolgarrog heb ga'l 'i thrwsio?' Wel rŵan, cwestiwn anodd, ond o'n i'n digwydd mynd i Ddyffryn Conwy, ac yn mynd i fyny i Lyn Eigiau hefo perthynas i mi o'dd yn beiriannydd, ac o'n i'n gwbod yr atab! Ffodus iawn! [Lladdwyd 16 gan lifogydd pan dorrodd yr argae uwchben Dolgarrog, Dyffryn Conwy yn 1925.]

Cwestiwn arall ofynnon nhw oedd, oeddwn i'n gobeithio argyhoeddi holl werthwyr llaeth Llundan a'u troi nhw'n Gymry Cymraeg cenedlaethol?

Beth o'dd ych ateb chi?

Yn Saesneg, *'I'll have a go'!*

Fe fwynheoch chi'ch cyfnod yn Llunden? Dim ond blwyddyn fuoch chi 'na wrth gwrs . . .

Blwyddyn lawn iawn, dysgu yn yr *East End.*

O'ch chi'n deall ych gilydd?

Nac oeddan yn dechra! O'ddan nhw'm yn 'y neall i, na finna'n 'u deall nhw. Ond mi ddaethon ni'n bur sydyn cofiwch, o do. O'n i'n lojio hefo John Gwilym Jones, y Dr. John Gwilym Jones, ac wrth gwrs roedd rhaid mynd i ddramâu on'd oedd? . . . Amsar difyr dros ben. A bwrlwm o fywyd Cymraeg yno.

Chi'n cofio'r tro cynta' i chi fynd i'r West End?

Yndw'n iawn. Dwi'n cofio *The Father*, Robert Lorraine a dwi'n cofio neidio o fy sêt mewn dychryn pan oedd o'n mynd o'i go'. Dyna'r profiad cynta' o theatr broffesiynol.

Y drydedd record? Chi 'di dewis Y Sipsiwn.

'Dan ni 'di neidio o ran amsar gryn dipyn rwân. Dwi 'di dewis *Y Sipsiwn*, am mai Côr Maelgwn, Cyffordd Llandudno sy'n canu. Wel mi fûm i'n Brifathro yno am un mlynedd ar hugian. Ro'n i'n nabod y rhai sy'n canu yn y Côr. Fûm i'n dysgu rhai ohonyn nhw, a dwi 'di bod yn dysgu 'u plant nhw hefyd.

* * *

Ond fe ddychweloch i Wynedd wedi ca'l swydd yno?

Do. I Ysgol y Cefnfaes, Bethesda. Ysgol ddiddorol dros ben. Ysgol fodern fasan nhw'n galw hi wedyn mae'n debyg. Mynd yno i ddysgu gwyddoniaeth a mathemateg . . .

Ond o'ch chi'n dweud 'tha i cyn dechre'r rhaglen yma bo' chi jest â thorri'ch calon pan ddethoch chi'n 'nôl. Mae'n anodd credu?

Oeddwn, yr oeddwn i, mae hynny yn wir. 'Dach chi'n gweld roedd bywyd mor fyrlymus yn Llundan, ac o'n i'n methu gwybod be i neud hefo mi fy hun bron iawn. Mi es yn ôl lawr i'r coleg, ond mi oedd blwyddyn wedi gneud gwahaniaeth mawr, a 'dyn dieithr ydwyf yma', dyna oedd fy mhrofiad i fan'no adag honno wedyn. Ond mi wellodd petha.

Ac o'dd 'na reswm arbennig dros hynny!

Oedd, roedd 'na ferch ifanc yn dysgu coginio yn Ysgol y Cefnfaes, o'r enw Eluned.

Mrs O.M. yw hi erbyn hyn ynde?

Miss Jones Cooking chada'l pobol Bethesda.

O ie!

A dod i nabod Robat Williams-Parry yn well nag o'n i'n nabod o cynt, a J.O. Williams a Jenny Thomas, awduron *Llyfr Mawr y Plant*, mi o'ddan nhw wrthi'n cyfansoddi'r llyfr yn y cyfnod hwnnw. A lawar i noson pan o'n i ar yn ffor' adra, yn pasio tŷ J.O., troi fewn ac mi fydda fo wrthi tan oria mân y bora, yn darllan rhain i gyd. A Mrs Jenny Thomas – mi fydda pobol Bethesda'n 'i galw hi'n 'mam Wil Cwac Cwac'. Roedd y pedair blynedd fuo fi'n fan'no yn hapus iawn ar ôl y misoedd cynta'.

Ac yn ddiddorol iawn o'ch chi ac R. Williams Parry yn dod lawr yma i Gaerdydd i'r geme rygbi rhyngwladol?

Byddan.

O'n i'n meddwl mai diddordeb mewn pêl-droed sy gan bobol y Gogledd.

O'n i'n ysgrifennydd clwb pêl-droed yn y coleg, ond wedi mynd i Lundan mi fyddwn i'n mynd i weld Cymry Llundan yn chwara rygbi . . . Y gêm bwysica welson ni yng Nghaerdydd oedd honno yn erbyn y Crysau Duon, pan enillodd Cymru bron yn y funud ola' o un pwynt. Roedd fy mhartnar i, Gwilym, a finna yn sefyll yng nghanol y dyrfa. Ro'dd Williams Parry a Gruffydd John Williams – yr Athro Gruffydd John Williams – wedi ca'l tocyn gan Sam Jones [y *BBC*] i fynd i'r *stand*. Ar y diwadd roedd y brwdfrydedd mor fawr mi gollodd Gwilym druan 'i het, mi afaelodd rhywun yn 'i het a'i thaflud hi, a fynta'n foel hollol. O'ddan ni fod i gyfarfod Robat Williams Parry a Gruffydd John Williams yn y *Park Hotel*, oedd o 'di sôn lot am honno wrtha i, mi oedd llefydd felly'n ddiarth iawn i mi yn hogyn ifanc. Dyma gyrra'dd, a Gruffydd John Williams yn gofyn 'Lle ma' Bob?' 'Wel efo chi,' meddan ninna. 'Nac ydi,' medda fo. 'Mi ddoth i'r stand, mi steddodd, fuo' yno am ryw chydig ac o'dd o'n teimlo'r lle yn pwyso arno fo, mi a'th o o'no!' A welodd Williams Parry mo'r gêm.

Fuoch chi'n whare rygbi erioed?

Faswn i'm yn deud imi fod yn chwara. Pan o'n i'n y coleg mi o'ddan nhw'n methu ca'l deg ar hugian i ga'l ymarfer, a dyma nhw'n gweld rhyw greadur go dal, meddwl 'basa fo ryw help yn y llinell, a'r capten yn gofyn a faswn i'n troi allan ryw bnawn. Ac mi nesh. Nath o'm gofyn wedyn!

Nawr 'te ych record nesa? Hon.

Hon ia. Mi fyddan ni'n arfar crwydro'r mynyddoedd, dwi 'di crwydro nhw bron i gyd, wedi bod ar gopa bob un ond 'wrach y mwya diddorol, sef Tryfan. Ma' hynny'n beth od iawn. A dyna pam y liciwn i ga'l *Hon.*

*   *   *

Symudoch chi wedyn i ysgol fodern arall, yn Llandudno . . . A dod i nabod Lewis Valentine?

Ia, 'i nabod o'n bur dda. Ro'n i'n nabod o cynt wrth gwrs, achos ro'n i'n rhyw stiwdant pan oedd o'n ymladd ei etholiad yn sir Gaernarfon ers talwm, yn 1929. Dyna chi hwyl o'dd adag honno . . . Blerwch, diffyg trefniada, ond brwdfrydedd 'de. O! Mi o'na hwyl garw iawn yno.

A faint o bleidleisie gafodd e?

Chwe chant a naw. Dwi'n meddwl mai taid Dafydd Iwan ddeudodd *'the gallant six hundred'* amdanyn nhw.

Ac wedyn wrth gwrs, 1936, llosgi'r ysgol fomio ym Mhenyberth.

Ia. Wrth gwrs mi fydda Saunders Lewis yn arfar dŵad i Sir Gaernarfon amsar y lecsiwn, ac wedyn wrth gwrs, ac mi fydda'n annerch cynhadledd unwaith y flwyddyn yng Nghaernarfon. Ac yng nghynhadledd 1936, ro'dd o'n trafod y bygythiad gan yr ysgol fomio, ac mi orffennodd yr araith honno hefo geiriau tebyg i hyn: 'Gwrthwynebwn hi ym mhob dull a modd, ond os methwn ei rhwystro, yna ei difetha'. A dyna mae'n debyg yr arwydd cynta' gawsom ni bod 'na rwbath allan o'r cyffredin yn mynd i ddigwydd.

Beth o'dd ych ymateb chi i hynny?

Bachgen ifanc brwdfrydig yn teimlo bod Lloegr wedi anwybyddu llais Cymru yn llwyr ar y pryd, wedi gwrando ar leisiau'r rhai oedd yn amddiffyn gwydda ac elyrch a rhyw betha felly, ond ddim hyd yn o'd yn barod i wrando ar gannoedd o filoedd o Gymry oedd wedi protestio. Felly doedd 'na ddim byd i neud ond mynd ymlaen efo'r ymgyrch.

Ma'r noson honno ym Mhenyberth wedi aros yn y co' yn fyw iawn.

Ydi wrth gwrs . . .

Lewis Valentine, D.J. Williams a Saunders Lewis a phedwar arall ynte . . .

Pedwar arall . . .

Ma' 'na bump ohonyn nhw wedi mynd, a dau sy' ar ôl.

Ia dwi'n meddwl.

Lewis Valentine, ac y'ch chi'n nabod yr un arall yn iawn.

Ydw 'dwi'n nabod o'n eitha da!

Ddaethoch chi i nabod Saunders Lewis yn dda iawn?

Do, i nabod o'n dda iawn. Un o freintia mawr 'y mywyd i, bo' fi wedi bod mor ffodus. O'n i'n deud 'thach chi gynna fel bydda fo'n dŵad i siarad, oedd cyfarfodydd cyhoeddus yn betha poblogaidd 'radag honno . . . Fuon nhw'n gofyn i ryw hogyn neu i rywun arall ddeud gair bach o'i flaen o. Wedyn fyddwn i'n ca'l trafeilio hefo fo i'r cwarfodydd 'ma, ac yn gwrando arno fo, ac yn dysgu llawar. Ac yn 'i edmygu o.

Pan ddaeth y tri gwron yn ôl o'r carchar, chi'n cofio'r cyfarfod croeso hwnnw yng Nghaernarfon?

Ro'n i'n brif stiward yn y cwarfod hwnnw. A 'ngwaith i oedd ca'l hyd i stiwardiaid, digon o stiwardiaid i edrach ar ôl llond Pafiliwn Caernarfon o bobol. Welsoch chi 'rioed gymint o folantîrs! Gannoedd ohonyn nhw. Ac o'ddach chi'n pechu'n erbyn rhai am bo' chi heb 'u dewis nhw fel stiwardiaid. Gweinidogion yr Efengyl, amball un o'n i'n ffrindia mawr efo nhw, yn deud wrtha i 'Cofia' rhoid i'n ymyl y llwyfan'! Wel dyna gwarfod o'dd hwnnw.

Hynny yw, o'dd agwedd pobol tuag at y tri yma wedi newid?

Dwi'n meddwl bod symud y llys i Lundan wedi gwneud y peth, ag annhegwch Abertawe hefo Saunders Lewis [ei ddiarddel o'i swydd darlithio yng Ngholeg y Brifysgol]. Roedd hynny wedi cythruddo pobol. Welish i'r fath gwarfod erioed. Wedi clywad llawar o sôn am gwarfodydd Diwygiad a petha felly 'te, ond dyna'r peth tebyca welish i. Wna i byth anghofio, yr Athro Daniel o'dd yn llywyddu, roedd D.J. Williams wedi siarad gynta', Valentine yn siarad wedyn a Saunders wedyn. Ond cyn i Saunders siarad fe ganwyd *Gwŷr Harlech* ac os ydw i'n cofio'n iawn mae'n gorffan fel hyn 'Cymru sydd yn galw am ei dewraf ddyn'. 'Dyma fo i chi,' medda J.E. Daniel, a dyma'r dyrfa fawr ar 'i thraed, a chlywsoch chi'r fath fonllef erioed.

Ond o'dd Saunders ei hun wrth gwrs yn teimlo 'i fod e wedi ca'l 'i wrthod.

O, oedd. Ro'dd o'n siomedig. Ro'dd o'n siomedig pan ddoth o allan nad oedd mwy wedi digwydd pan o'ddan nhw i fewn.

A dyna ni'n dod at ych dewis nesa chi o leisie, sef Saunders Lewis yn siarad am 'i siom.

Sgwrs efo Aneirin Talfan Davies, lle mae o'n mynegi ei deimlada a'i siomedigaeth.

*　　*　　*

Saunders Lewis yn sôn am y ffordd o'dd e'n teimlo'i fod wedi methu ac wedi ca'l 'i wrthod ac yn wir fel o'ch chi'n dweud ynte, fe drodd y coleg yn Abertawe 'u cefne. O'dd hi'n adeg anodd iawn iddo fe'r adeg honno?

O bownd o fod. Wel rŵan, ryw 'chydig cyn iddo fo ddod allan, ryw fis neu ragor, roedd 'na nifer ohonan ni mewn ysgol ha' yn y Bala, ac fe benderfynwyd bod ni yn gneud apêl at garedigion Saunders Lewis, rhai o'dd yn nabod o'n dda. Pobol o'ddan ni'n 'u dewis. A'r panel oedd – Cadeirydd, yr Athro Gruffydd John Williams; Trysorydd Dr Gwen Jones, a finna'n Ysgrifennydd. O'n i'n ysgrifennu at bobol i ofyn iddyn nhw fasan nhw'n cyfrannu hyn a hyn y flwyddyn i sicrhau bod Saunders Lewis yn ca'l yr un tâl ag oedd o'n ga'l yng ngholeg Abertawe. Dyna oedd yr amcan. Fe gaed atebion cynhesol gan amryw byd ac addewidion am gyfraniadau. Ac yn y diwadd roeddan ni'n medru cynnig i Saunders yr un swm yn flynyddol ag oedd o'n ga'l o goleg Abertawe.

Faint o'dd hwnnw?

Dwi'm yn cofio'n union. Oedd o dros dri chant o bunna. Ac wedyn fe ysgrifennais i ato fo, llythyr anodd dros ben, yn dweud be oedd 'di digwydd, ac yn cynnig y swm yma yn flynyddol iddo fo. Ma'r ateb gin i o hyd, ddoth yn ôl yn deud bod gynno fo ddau ofn – ofn tramgwyddo yn erbyn cyfeillion, ac ofn colli'i annibyniaeth. Ond toedd o'n barod i dderbyn am un flwyddyn, a chym'yd 'i siawns beth bynnag o'dd yn digwydd wedyn. Cofiwch, doedd o ddim yn wir beth ymddangosodd yn *Y Faner*, sef bod Saunders Lewis ar glemio, a basa fo wedi clemio oni bai am Moses Griffith [gwyddonydd amaethyddol, trysorydd cyntaf Plaid Cymru]. Wrth gwrs mi oedd Moses Griffith yn cyfrannu at y gronfa yma, dwi'n cytuno bod Moses Griffith wedi gneud llawer iawn. Ond mi oedd 'na ddega lawer o'dd yn awyddus i gyfrannu.

Dyma'r tro cynta' i mi glywed hyn ynte.

Dyma'r tro cynta' i unrhyw un yn unman, Beti, glywad.

O.M., y'ch chi'n credu bod Saunders wedi methu i'r fath raddau?

Nac'dw, nac'dw. A dwi'n meddwl bod y teyrngeda a'r teimlad gododd ar ôl 'i farw yn ddiweddar 'ma wedi dangos na fethodd o ddim. Oedd o 'di suro cofiwch hefo'r Blaid Genedlaethol, ond dwi'n meddwl bod o yn gneud cam â nhw. Doeddan nhw ddim 'di cefnu ar egwyddorion gymaint ag yr oedd o'n feddwl.

O'dd e'n berffeithydd on'd oedd?

O, perffeithydd, oedd wrth gwrs. A dyna oedd yn apelio at bobol . . .

'Does ryfedd felly mai y chi o'dd ar y blaen wrth i arch y dyn mawr ga'l 'i chario ar ddiwrnod yr angladd?

Wel, roedd o'n ddiwrnod mawr i mi. Oedd.

Dyma ni'n gadael Llandudno a gadael Saunders Lewis, a sôn amdanoch chi O.M., ac fe fuoch chi'n byw yn Neganwy, yng Nghyffordd Llandudno, a dwn i ddim ymhle i gyd . . .

Dwi'n byw yn Nyffryn Conwy rŵan, dyffryn hardd iawn.

Ac yn ystod yr holl gyfnode 'ma fe fuoch chi hefyd yn ymddiddori'n fawr yn y ddrama yndo?

Do, wrth gwrs o'n i'n ffrindia efo John Gwilym Jones ac yn naturiol roeddach chi'n cymryd diddordab yn y ddrama felly.

Fuoch chi'n actio o gwbwl?

Wel, mi fydda John Gwilym Jones fel rheol yn hoffi rhoi rhai o'i ddramâu ar y llwyfan yn Llandudno gyda Chwmni Drama Llandudno, fuo fo'n cynhyrchu iddyn nhw am flynyddoedd. A hefo *Diofal yw Dim*, dyma fo'n gofyn i mi fod yn Brifathro. 'Yli' medda fo, 'does isio i ti neud dim ond actio fel w't ti bob dydd fel prifathro'. Ond pan 'steddish i o flaen y ddesg a'r llenni'n agor, a gweld, neu beidio gweld yn hytrach, wynebau oedd o'n blaena ni, wna i fyth anghofio'r foment honno. Dyna'r tro cynta' a'r tro ola' i mi fod ar lwyfan!

Felly 'chi 'di chware rygbi unwaith ynde, actio mewn drama unwaith . . .

. . . bod mewn côr plant unwaith.

A'r Ynad Heddwch wedyn, sut o'ch chi'n ffindio'r gwaith hwnnw, yn waith anodd?

Ar adega yn bur anodd, oedd. Dau beth fydda'n poeni dyn. Un, gweld yr un hen wyneba yn dod yn ôl dro ar ôl tro.

Yn colli ffydd yn y ddynolryw weithie?

Fydda chi'n ca'l ych temtio, ond dwi'n meddwl bod rhai o'r dullia diweddar o drin rhei ohonyn nhw yn amgenach. Tydi carchar ddim yn gwella neb.

Ond y'ch chi 'di anfon rhywun i garchar?

Do. Ac roedd gwneud hynny am y tro cynta' yn boen ysol. Ond wrth gwrs, yn rhyfedd iawn, fyddach chi'n arfar hyd yn oed efo peth felly.

Felly fe ddown ni nawr at ych dewis ola' chi o record, a beth yw hi'n mynd i fod?

Dod yn ôl i blwy Llanddeiniolen. Yr Athro W. J. Gruffydd bia'r gân yma, *Twm Pen Ceunant*, y bachgen o'r Felinheli aeth i grwydro'r byd gan obeithio gweld pethau mawr a hyfryd a ca'l 'i siomi ma'n debyg 'te.

'Dyw hyn ddim yn wir am ych hanes chi na'di?

Nacdi!

'Edrychodd Mr Jones ar seis fy nhra'd i ac fe wedodd e "Bachwr wyt ti".'

Mefin Davies

Chwaraewr rygbi

Darlledwyd: 3 Ebrill, 2003

Cerddoriaeth:
1. *Myfanwy*: Ryan Davies
2. *Llanfihangel Bachellaeth*: Meleri Walters
3. *Yma o hyd*: Dafydd Iwan

Beti George:

Mae'n aelod o'n tîm cenedlaethol ni ac y'ch chi'n gwbod mai'r llwy bren o'dd 'u gwobr nhw ym Mhencampwriaeth y Chwe Gwlad eleni. Ond yn erbyn Lloegr ac Iwerddon fe ddangoson nhw beth allan nhw neud pan ma'n nhw ar 'u gore. Ac fe gafodd y bachwr Mefin Davies 'i ganmol gan neb llai na'r hyfforddwr Steve Hansen ar ôl y gêm yn erbyn Iwerddon.

Tymor lan a lawr, miwn a mâs o'dd e ontife! O edrych 'nôl nawr, shwt y'ch chi'n teimlo?

Mefin Davies:

Ma'n rhyddhad bod e drosto mewn un ffordd, ond siomedig bod dim canlyniad wedi dod. Wedi gweud 'ny ma'n brofiad, yn bersonol a hefyd i lot o'r bechgyn newydd eraill yn y tîm. Ma'n freuddwyd o'ddar pan o'n i'n blentyn bach i whare i Gymru.

Wel mae'n anodd credu bod safon chware'r tîm yn gallu amrywio gymaint. Pam bod hynny?

Ma' shwd gyment o resyme. Ma' lot o'r bechgyn yn dod o wahanol glwbie, yn credu mewn gwahanol ffyrdd o whare, ma' pob unigolyn sy'n whare yn nhîm Cymru yn credu mewn gwahanol bethe. Ac wrth gwrs yr hyfforddwr sy'n dewis ffordd i whare. Mae'n cymeryd amser i setlo, amser i wneud ffrindie newydd a chyfuno fel tîm i berfformo ar y ca'.

Fe gesoch chi'ch dewis i chware'n erbyn yr Eidal achos bod Robin McBryde wedi ca'l 'i anafu. Faint o wefr o'dd hi i glywed 'bod chi yn y tîm, achos dyma Bencampwriaeth y Chwe Gwlad gynta' i chi ynte?

Digon gwir. O'dd e'n brofiad mawr. Jest cymeryd un cam ar y tro . . . O'dd e'n anrhydedd fawr iawn, ond siomedig ofnadw ar y diwedd. Pob un yn edrych ar 'i gilydd, yn ffaelu credu 'bod ni wedi colli, a gofyn beth o'dd wedi mynd yn anghywir. Yn anffodus o'dd e fel diwrnod cynta'n yr ysgol mewn ffordd, neb yn gwybod pwy i droi ato.

O'ch chi'n nerfus?

Ofnadw. Mwya caled ma'r gêm, mwya nyrfys ma' person yn mynd . . . Ond fi'n credu bod profiad yn helpu, ma' isie ymlacio mwy a chymeryd pethe yn lot mwy ysgafn, meddwl am y gêm jyst cwpwl o funude cyn i'r gêm ddechre yn lle bo' ni'n wasto egni wsnothe cyn 'ny yn meddwl 'bytu fe.

Be sy'n digwydd yn yr ystafell wisgo? Dros y blynyddoedd ma' dyn yn cofio clywed am Clive Rowlands, shwt o'dd e'n ysbrydoli'r tîm, a phobol erill wedi 'ny. Beth sy'n digwydd nawr? 'Dyw Steve Hansen ddim yn Gymro ta beth.

Odi ma' pethe'n wahanol. Ma'n brofiad newydd i ni unwaith eto, achos y'n ni'n dod o'r clwbie a 'ni'n gyfarwydd â'r hyfforddwyr sy'n Gymry yn neud pethe yn 'u ffordd nhw, a phob un yn ymateb iddo fe. Wrth fynd i garfan Cymru y'n ni'n tueddu dishgwl yr un peth, ond mae braidd yn wahanol. Ma'n nhw'n paratoi yn Seland Newydd yn eu ffordd nhw. Mae e'n rhwbeth i ni gymeryd mlân . . . Fi'n credu 'bod hi'n bwysig i'r hyfforddwr i nabod y chwaraewyr ac i ga'l y gore mas o bob person.

Ydi Steve Hansen yn nabod 'i chwaraewyr? 'Na chi gwestiwn lletchwith nawr Mefin!

Odi, ma' hwnna'n gwestiwn mawr ofnadw! Ond wi'n credu bod ni i gyd yn dysgu, yr hyfforddwyr, pwy bynnag sy'n y garfan 'da ni, y chwaraewyr, pobol off y ca' a phawb. Pob un yn dysgu. Ond wi'n credu dim ond bod ni'n derbyn y beiau y byddwn ni'n gwella.

O'ch chi'n falch o weld yr hen Bencampwriaeth 'ma ar ben. Achos o'dd Ffrainc wedyn dydd Sadwrn dwetha ac o'dd pobol yn siomedig.

Digon gwir. O'dd y diwrnod yn berffeth am gêm o rygbi, ond ma'n rhaid gweud ma'r Ffrancod yn un o'r time gore yn y byd ar y foment. Fe wnaeth Cymru'u maeddu nhw mas yna ddwy flynedd yn ôl pan o'n nhw'n dîm ifanc, tîm newydd iawn. Ond be' sy' 'di digwydd yn ddiweddar yn nhîm Cymru yw bod bechgyn y Llewod wedi penderfynu pido whare geme rhyngwladol rhagor, a wedyn ma' hynny 'di creu bach o wendid yn y tîm, ond mae'n rhaid bod yn amyneddgar a rhoi amser i fechgyn ifanc ddod trwyddo eto, a byddan nhw y goreuon yn y byd am flynydde i ddod. Ma' isie rhoi profiad iddyn nhw, a gwella yw'r unig ffordd fydd tîm Cymru'n mynd.

Chi 'di dewis fel ych record gynta' Ryan yn canu Myfanwy. Pam?

Mae'n dôn sydd yn 'y nghof i ers blynydde, ers pan o'n i'n blentyn bach. Mae'n od, amser y'n ni'n mynd ar y trips rygbi ar y foment, ar y bws y'n ni'n tueddu i watsio'r ffilm *Twin Town*, a ma'r gân *Myfanwy* ar y ffilm. Wedyn ma' rhai sy'n gwbod dim byd obytu Cymru yn gweud '*What a song*!'. Ma'n nhw'n enjoio fe. Ond dy'n nhw'n ddim yn gwbod beth yw 'i wir ystyr e. Ry'n ni'n lwcus, y'n ni 'di ca'l yn codi lan gyda'r gân, ac wedyn ma'n rhwbeth sy'n twtsio fi ac mae jest yn rhwbeth bydda i byth yn anghofio.

* * *

Ryan a Myfanwy. *Chi'n cofio Ryan 'te Mefin, achos y'ch chi'n ifanc iawn.*

O'dd amser, pan o'n i'n fach, o'dd yn fam a 'nhad yn watsio teledu a wi'n cofio gweld Ryan yn perfformo, wi'n cofio *Fo a Fe* ac o'n i'n joio'r rhaglenni, o'n nhw'n arbennig o ddoniol. O'dd e'n berson mor dalentog, yn gallu canu, whare'r delyn, piano, gallu troi'i law at unrhyw beth. O'dd e'n cynrychioli Cymru mor dda.

Felly, ymhle ma'ch cartre chi?

Yn Nantgaredig, Caerfyrddin.

Pa fath o fagwreth gethoch chi, beth ma'ch tad yn neud?

Adeiladu tai. Ma' fe newydd ymddeol nawr ym mis Ionawr, ond hwpo'i draed lan bach yn arafach nawr, ond fi'n siŵr bod e'n troi'i law at helpu pobol yn y pentre.

A'ch mam?

Rhedeg y Swyddfa Bost yn Nantgaredig. Mae'n dal 'na heddi yn gw'itho orie hir, yn gynnar yn y bore a hwyr y nos, yn sorto papure mas a helpu'r bobol a cha'l *chat* fach yn ystod y dydd yn y Swyddfa Bost.

Diolch byth am y Swyddfa Bost yn y pentrefi 'ma ondife.

Mae'n wir. Ma 'na rywbeth yn sbesial am Nantgaredig achos pentre bach yw e, a ma' pobol yn dod yn gynnar yn y bore cyn mynd i'w gwaith, mynd i 'ôl y papure, ond mae'n rhywle ble ma' pobol yn dod i gyfarfod hefyd.

Felly shwt fagwreth o'dd hi – capel?

Ie, ca'l yn codi lan gyda Mam i fynd i'r Ysgol Sul bob dydd Sul, hyd yn o'd pan o'dd rhaid i chi wisgo tei. O'n i ddim yn cîn ar wisgo tei, yn enwedig un gyda'r elastig bach 'na amser o'n i'n blentyn bach. O'n i'n 'i gasáu e. Ond bues i'n mynd i Ysgol Sul am flynydde maith, nes bron bod yn ddeunaw mlwydd o'd. O'n i'n edrych ar ôl plant pobol erill hefyd, jest helpu mas yn y capel.

Chi'n mynd i'r capel nawr 'te?

Dim mor amal â be gallen i. Ddylen i fynd yn fwy amal, ond yn anffodus ddim yn ca'l y cyfle, dim esgusodion ond, os ga'i gyfle bydda i'n mynd yn ôl i Nantgaredig.

Felly y'ch chi'n dal i gredu . . .

Odw, odw. Fydden i'n dweud gweddi fach cyn mynd i'r gwely withe.

Odych chi?

Mae e'n beth personol, ond trw'r bywyd rygbi, mae'n eitha unig withe mas yn y gwahanol wledydd pell, sdim dal le y'n ni ond mae'n neis gweud gweddi fach cyn mynd i'r gwely withe.

Eisteddfod wedyn 'te?

Ie, 'steddfod Pontargothi, milltir lan yr hewl o Nantgaredig, ond 'na'r unig beth.

Beth o'ch chi'n neud? Canu? Adrodd?

Wi'n cofio adrodd 'Sgidie Newydd' ond o'n i'n adrodd e bob blwyddyn. Fi'n credu bod pob un yn y pentre yn gwbod e erbyn nawr, yn well na fi! . . .

Beth o'dd ych mam isie i chi neud?

Pregethwr o'dd Mam yn mo'yn i fi fod! Wi'n siŵr bod fi 'di mynd go whith i 'ny wrth whare rygbi a chanu ar gwt y bws. Na, sa'i 'di mynd yn bregethwr.

Faint o ddiddordeb o'dd 'na mewn rygbi yn y teulu? Achos 'dyw rygbi yn y rhan yna o'r byd ddim fel mae e dwedwch yn Llanelli neu Bontypridd.

Na, digon gwir. Ysgol Nantgaredig o'dd y peth cynta' dda'th â rygbi i'n sylw i. O'dd Mr Brynmor Jones yn brifathro ysgol Nantgaredig ac o'dd diléit mawr 'da Mr Jones mewn rygbi, wedyn pob amser cinio o'n ni mâs ar y ca' pan o'n i obytu deg ne' un ar ddeg mlwydd o'd, jyst joio. Magu diddordeb wedyn, watsio teledu, gweld Cymru'n whare, a dechre byw breuddwydion o hynny mlân.

Ai bachwr o'ch chi pan o'ch chi'n ddeg o'd?

Ie, ie ma'n od iawn, achos fi'n siŵr fi'n cofio Mr Jones yn edrych arnaf i i weld 'pa safle alla'i wpo fe?' a wi'n credu edrychodd e ar seis 'y nhra'd i, a wedodd e 'Reit, bachwr wyt ti'. A dyna lle wi 'di bod ers 'ny.

Pam, o's tra'd mawr 'da chi? O's rhaid ca'l traed mawr i fynd yn fachwr?

Na, dim o gwbwl. Ond fi'n credu'n siŵr 'na'r ffordd o'dd Mr Jones wedi penderfynu 'nyfodol i, oddi wrth seis 'y nhra'd i.

Achos fuoch chi ddim yn dawnsio hefyd?

Wnes i ryw ddawnsio gwerin yn Ysgol Bro Myrddin, do. Oedd e'n rhywbeth o'dd rhaid neud er mwyn ca'l tocyn cino cynnar yn yr ysgol. Yn anffodus ethon ni i ryw steddfod, gethon ni lwyfan, a dethon ni'n drydydd, ond peidiwch â gweud 'na wrth y bois rygbi nawr, beth bynnag chi'n neud!

O'n i jest yn meddwl faint o help ma'r dawnsio gwerin wedi bod i chi. Falle'i fod e, i symud yn ystwyth a phethe fel'na chi'mbod!

Wel rhaid 'fi ga'l gair â Steve Hansen yr wsnoth 'ma i neud siŵr bo' ni'n neud bach o ddawnsio gwerin i ni ga'l symud chydig bach yn gynt!

Falle ddethech chi'n well fel tîm dawnsio gwerin nawr Mefin!

O'n i'm 'di meddwl obytu 'na!

Wedi'r ysgol aethoch chi i Goleg Technegol Llanelli a wedyn Polytechnig Morgannwg, Pontypridd a gneud Peirianneg.

Ie, ma'n od shwd ma' bywyd yn troi o gwmpas, bod 'nôl yn y clwb ym Mhontypridd ar y foment. Yn lwcus i fi, o'dd y gêm rygbi'n amatur ar y pryd, pob un yn neud siŵr bod nhw'n gneud gwaith neu addysg yn gynta'. Ar ôl neud dwy flynedd yn y Tec yn Llanelli o'n i'n mynd i'r Polytecnic ym Mhontypridd, ac fe drodd e'n brifysgol pryd 'ny. Jyst mater o wneud cwrs electroneg, a fi 'di ca'l 'ngradd a mynd i neud bach o waith ar ôl 'ny.

Chi'n ca'l ych trin fel arwr 'sen i'n feddwl yn Nantgaredig y dyddie 'ma, pan y'ch chi'n mynd 'nôl?

O, es i'n ôl, o'n i'n ôl n'ithwr . . .

O'dd y fflags mâs?

Llwy bren falle, a'r cawl wedi twymo. Na, ma'n neis i fynd 'nôl. Anghofia'i byth mo 'nghartre, a fi'n dal i deimlo bod e'n gartre i fi.

57

Fel ych ail record y'ch chi 'di dewis rhywun o'r enw Meleri.
Nawr 'te pwy yw Meleri?

Meleri yw'n whâr hena, ma 'da fi whâr ifanca, Meirlys. Ond ma' gyda Meleri lot o ddiddordeb mewn canu, o'n ni'n canu deuawd yn steddfod Pontargothi, ond dewisodd Meleri ganu a dewises i rygbi, a fi'n hapus o 'ny, neu bydden i'n dal ar y llwyfan ar y foment. Fuodd hi'n llwyddiannus ofnadw yn yr Eisteddfod yng Nghastell-nedd.

. . . bron ddeng mlynedd yn ôl, 1994 ontife, fe enillodd hi'r
Unawd Contralto.

Ie, fi'n cofio rhoi lifft iddi i'r Eisteddfod a ddim yn siŵr o'r ffordd i Gastell-nedd, ma'n od i edrych 'nôl, ond fi'n cofio o'n i'n nerfus iawn wrth wylio Meleri'n canu ar y dydd. Mae'n od shwd ma' pethe'n newid achos o'dd torf fawr yn 'gwylio hi ac o'n i'n gweud 'Jiw allen i byth neud 'na'!

* * *

Beth am yr enw 'Mefin', yr unig 'Fefin' yn y byd 'sen i'n
dweud?

Fi'n credu bo fi 'di clywed bobol yn dweud 'O fi'n nabod un arall,' ond sa'i i byth 'di cwrdd â neb arall o'r enw Mefin.

O ble ddaeth e 'te?

Wel, fi 'di gofyn y cwestiwn i'n fam a'n dad sawl gwaith, gartre yn ein tŷ ni'n Nantgaredig, 'bo' ni i gyd yn dechre â'r llythren 'M'. Enw'n fam yw Medi, Dad yn Marlais, yn whar hena'n Meleri a'r ifanca'n Meirlys. Felly wi'n credu'u bod nhw 'di ffansïo'r enw Hefin i fi ond wedi dilyn y lleill a hwpo'r 'M' yn lle'r 'H'!

Wrth gwrs o'dd y gêm ddim yn broffesiynol pan ddechreuoch chi chware?

Na, o'n i'n gw'itho yn Abertawe ar y pryd ac yn whare'n Dynfant, symud wedyn i ymuno â Chastell-nedd, newid fy ngwaith a mynd i w'itho ym Mhen-y-bont. Mater o w'itho ar hyd y dydd, naw i bump drwy'r wthnos, ac wedyn ymarfer ddwywaith yr wthnos ar nos Fawrth a nos Iau.

Os fase'r gêm yn broffesiynol pan o'ch chi 'di gadael ysgol, fasech chi 'di mynd i chware rygbi'n syth, neu wedi mynd i goleg?

Ar y pryd, mwy na thebyg, bydden i 'di mynd i whare rygbi. Ond o edrych 'nôl, fi'n lwcus ofnadw taw dim 'na'r sefyllfa ar y pryd. Fi'n falch ofnadw bo' fi 'di ca'l yn addysg, wedi ca'l fy ngradd a cha'l y rygbi ar ôl 'ny. Fi'n credu bod 'na'n broblem fawr ar y foment. Ma' cymint o fechgyn, os bydden nhw'n ca'l y dewis o fynd i'r coleg, gw'itho orie mowr a neud gwaith papur, neu fynd i redeg obytu'r ca' a whare rygbi, fi'n siŵr taw whare rygbi fydden nhw i gyd yn neud. Os ydyn nhw'n llwyddo ma'n nhw'n iawn. Ond os nad y'n nhw, 'dyw e ddim dyfodol iddyn nhw.

*Fe adawoch chi Gastell-nedd o dan bach o gwmwl. O'dd e'n sioc
i chi 'bod nhw 'di prynu Barry Williams [bachwr Bryste a'r
Llewod] a thalu arian mawr iddo fe ddod 'nôl?*

Siomedig o'n i ar y pryd, wedi bod 'na mor hir a stico
gyda'r clwb pan o'dd pethe ddim yn rhy dda o gwbwl, ac
wedyn pethe'n gwella bob blwyddyn. Amser anodd i
ymdopi 'da'r sefyllfa, ond anghofia'i byth mo'n ffrindie
'na. Ma'n nhw'n dal yn ffrindie heddi.

Feddylioch chi droi'ch cefn ar rygbi'n gyfan gwbl yr adeg yma?

Do, a'th popeth trw'n feddwl i ar y pryd achos o'n i'n
credu bo fi wedi ca'l y peth mwya o'n i'n mo'yn mâs o'r
gêm, o'n i wedi whare yn Stadiwm y Mileniwm. O'n i'n
mo'yn whare ar y ca' arbennig 'ma o'dd bob un yn siarad
obytu, ac fe ges i 'na 'da Chastell-nedd.

Ond dyma chi'n dewis Pontypridd?

Ie, o'dd dewis 'da fi fynd 'nôl i Gaerfyrddin, ac o'dd
cynnig i fynd i Loegr. Ond ar ôl siarad â ffrindie agos,
penderfynes i ymuno 'da Phontypridd.

*A sôn am hyn ontife, nawr ma' Pontypridd a Phen-y-bont yn
mynd i uno fel rhan o gynllun David Moffet, y pump clwb 'ma
fydd yn chware.*

Odyn, ac ma'r probleme'n dechre'n barod. Mwy na
thebyg bydd pob un ym Mhen-y-bont yn gweud taw 'u
chwaraewyr nhw yw'r gore, ac yn gwmws 'run peth ym
Mhontypridd. Ac ma'r un probleme tu ôl – pwy sy'n

neud y bwyd, pa gryse ni'n gwisgo, pa fws y'n ni'n mynd arno, fi'n gallu gweld y probleme, pen tost yw e. Pwy sy'n penderfynu, dw i ddim yn gwbod. Ond yn anffodus, mi gymerith flynydde i ddod drosto.

Ac wrth gwrs fe fydd lot o chwaraewyr yn ca'l y sac on' byddan nhw? Fyddan nhw ddim yn ennill.

Odi, mae'n siomedig iawn. Ma' lot o'r bechgyn wedi dod yn ifanc o ysgol, wedi dewis rygbi, a ma'n nhw 'di ca'l arian mâs o'r gêm. Ond yn anffodus, ma' obytu cant a thri deg o chwaraewyr nawr yn whilo am waith ar yr un pryd, heb addysg yn anffodus, ac wedyn ma'n nhw'n mynd i ga'l sioc mawr, achos dy'n nhw ddim wedi arfer â gw'itho orie hir. Dy'n nhw'm wedi arfer gw'itho am ddim dros orie, a mae'n mynd i fod yn agoriad llygad iddyn nhw i gyd. Ond yn anffodus, dyna beth yw bywyd normal. Ma' isie nhw dderbyn 'ny, a wedyn falle byddan nhw'n fwy parod i w'itho'n galetach i ga'l cytundeb rygbi gyda chlwb am y flwyddyn ar ôl 'ny.

Hynny yw, y'ch chi'n falch bod 'da chi gwmni'ch hunan?

Odw.

Faint ohonoch chi sy' yn y cwmni 'ma, a be chi'n neud – cyfrifiaduron?

Ie. Mae'n anodd iawn i esbonio, ond y'n ni'n neud lot o'r gwaith â chyfrifiaduron, y'n ni'n gw'itho lot mâs yn llefydd sy'n cynhyrchu pethe. Cwmni o Ben-y-bont, PCT yw 'i enw fe, naw o'n ni'n wedi penderfynu ddwy flynedd a hanner, dair blynedd 'nôl i roi siot ar ddechre cwmni'n hunen. Ma' fe'n rhywbeth anodd ofnadw i'w wneud, rwbeth sy'n cymeryd lot fawr o amser, lot fawr o ddyledion i'w talu 'nôl a ma' fe'n rhwbeth sy'n hala lot o waith caled i ddod trwyddi. Mewn ffordd, fi'n gallu gwerthfawrogi pa mor lwcus ydw i fel chwaraewr rygbi, i ga'l y cyfle i neud rhywbeth fi yn joio neud.

Wel un peth Mefin, chi'n gorfod bod yn ffit on'd y'ch chi? Pa mor galed yw hynny?

Ofnadw o galed. Yn enwedig cyn dechre tymor rygbi. 'Na'i gyd ni'n neud yw ymarfer rhedeg, rhedeg lan mynydde, neud pwyse ac wedyn maen nhw'n mo'yn i ni ymlacio, ond 'does dim amser i ymlacio. Mae'n ofnadw o galed, ond 'do's dim unrhyw ffitrwydd yn maeddu chware, a 'na be sy' mwya pwysig, neud siŵr bod ni'n gyfarwydd â whare i ga'l y *knocks* 'ma, o ga'l gwa'd ar 'y mhen a ffaelu cofio be' sydd 'di digwydd am y munude sydd 'di bod, gallu codi ar 'nhra'd a rhedeg 'to, mae'n rhwbeth sy'n anodd ofnadw. Mae mwy na thebyg yn un o'r geme mwya' corfforol yn y byd, rygbi, ond rwy'n dal i whare fe!

Chi'n gorfod bod yn ofalus be chi'n fyta, siŵr o fod?

Odyn, fi'n gorfod bod yn garcus ofnadw. Mae Undeb Rygbi Cymru'n ca'l person miwn i edrych be ni'n byta, shwd ma'r pwyse, shwd ma'r *skinfuls*, ma' fe'n gweud. Ma'r hen calipers pert hyn yn dod mâs 'da fe, fel pleiers oer ofnadw. Ma'n nhw'n mesur, ac 'na'i gyd ma'n nhw'n mo'yn gweld yw gwellhad, neud yn siŵr bod ni'n dodi pwyse arno, a bod hwnnw'n y manne reit.

Shwt ma'r calipers yn edrych ar ych corff chi nawr 'te?

Mae'n amrywio o un wsnoth i'r llall. Ni'n aros yn y gwesty yn y Fro a ma'r bwyd mor arbennig 'na.

Be' ma'n nhw'n roi i chi?

Bwyd iachus. Pethe fel pasta, digon o basta. Cig, a gneud siŵr bod e'n gig gwyn. Ond ni yn ca'l stecen fach nawr ac yn y man, ond dim pethe 'di ca'l 'u ffrio, dim byd fel'na.

A bananas wedyn?

O bananas yn iawn, ond fi'n cofio'n ôl i'r dyddie yng Nghaerfyrddin, fydde'r bois yn gweud, 'o'dd e'n lico yfed wisgi fach cyn gêm i dwymo'r *chest* lan yn y gaea'. Ond sa i'n credu ethe hwnna lawr yn rhy dda 'da Steve Hansen, sa i'n mo'yn mentro!

Yn ddiweddar, o'dd Rhodri Morgan, Prif Weinidog y Cynulliad, wedi agor 'i geg yn dweud bod tîm rygbi Cymru yn rhy hoff o yfed alcohol, ac o'dd Neil Jenkins yn condemnio Rhodri Morgan ac yn dweud dyle fe ddim siarad shwt lol. Ond, o's na rywfaint o wirionedd yn y peth?

Na, ffordd ma'r sefyllfa nawr, ma'r bechgyn yn gwbod fod lot fawr o bwyse arnyn nhw ar y foment, ma' pob chwaraewr yng ngharfan Cymru yn mo'yn gwella. Ma'n nhw'n mynd trwy shwt gymint, byw yn y gwesty 'ma am saith wsnoth, pobol briod braidd byth yn gweld eu gwragedd a'u plant. Mae'n straen ar y berthynas. Ond wi'n deall pam, achos ma' blynydde wedi bod pan o'dd hanes gwael am fechgyn yn mynd mâs. Y diwrnod cynta' ma'r chwaraewyr yn dod 'nôl i'r clwbe nawr, ma'n rhaid dechre paratoi, achos ma' gêm fawr nos Wener, 'nenwedig i'r bechgyn sy' gyda'r anafiade, 'sen nhw'm yn ca'l yfed alcohol beth bynnag achos ma'n hala lot mwy o amser i wella. A ma'n nhw'n ca'l trinieth, o ma' pethe'n fanwl ofnadw. Ma'n golygu orie o w'itho nawr, codi'n y bore i ga'l brecwast gwedwch am wyth o'r gloch tan y cyfarfod dwetha wyth o'r gloch y nos. Rygbi, rygbi trw'r amser, 'na beth sy'n anodd.

O's amser 'da chi i ddiddordebe?

O'dd e, a fi'n gweld isie nhw achos o'r bla'n bydden i'n gweud, reit dwi 'di 'bennu â rygbi am y diwrnod, a bydda i'n baglu ddi i wneud rhywbeth fi'n mo'yn neud, a fydden i'n joio. Ond fel ma' bywyd ar y foment, 'na'i gyd yw e ddydd a nos, rygbi, rygbi, 'do's dim penwythnos 'da fi i enjoio, mynd i weld pobol. 'Sen i'n ca'l amser i fynd i siopa . . . dim bo' fi'n mo'yn siopa, ond na, pethe bach fel'na.

Felly beth yw'r diddordebe, beth sy'n apelio atoch chi fwya?

Beth fi'n gweld isie fwya yw mynd i enjoio'r bywyd ar y dŵr, sgïo ar y dŵr a *wake-boarding*, o'dd e'n rhwbeth o'dd yn cymeryd y meddwl bant o rygbi, bant o'r gwaith.

Beth nawr 'te, fyddwch chi'n ca'l ych temtio i fynd 'nôl i'r gorllewin i chware – i Lanelli falle?

Na, dwi'n ddigon hapus ym Mhontypridd. Ond yn anffodus ma' cytundebe gymint o chwaraewyr lan leni, a finne yn eu plith, a ma'n fater o neud y penderfyniad cywir.

Mae'n debyg y gallech chi fynd mâs i Ewrop i chware, neu i Loegr?

Ie ond trwbwl yw ma' isie polisio tipyn bach ar y Saesneg, so hwnna'n rhy dda 'da fi ar y foment. Sa i'n credu 'bod nhw'n deall fi'n siarad!

Dyna un o'r pethe diddorol, bod mwy o Gymrâg i'w chlywed ar y caeau rygbi'r dyddie yma.

Odi, odi. Ma'n neis.

O'n ni hyd yn o'd yn clywed y dyfarnwr a chi'n siarad â'ch gilydd pwy dd'wyrnod.

Do, fi'n gorfod siarad â Nigel Owen, whare teg iddo fe, tynnu co's yn gilydd. 'Na be sy'n dod yn naturiol i'r ddou ohonon ni yw siarad Cymrâg, a 'na beth nethon ni.

Beth yw ymateb chwaraewyr erill Pontypridd wrth glywed y capten a'r dyfarnwr yn siarad Cymraeg?

Mae'n od, achos mae 'da ni Brent Cockbain o Awstralia, a Duncan Bell o Loeger. Fel arfer ma'n nhw'n gallu clywed beth ma'r dyfarnwr yn gweud 'tho fi, a smon nhw'n gofyn cwestiyne. Ond nawr ma'n nhw'n troi rownd a gweud '*Mef, what* he's saying, *what he's saying?*' A finne'n gweud *'Oh don't worry about it'*, a chlatsio bant.

'Soch chi'n briod 'to.

Na dim byd. Fi'n sefyll ar 'y nwy droed fi'n hunan, 'na'r unig ffordd i fod ar y foment fi'n credu, achos yr holl deithie, a 'dyw bywyd rygbi proffesiynol ddim yn fywyd normal yn anffodus.

Dyma ni wedi dod at yn record ola'. Yma o hyd, *Dafydd Iwan.* *Pam y'ch chi 'di dewis hon?*

Mater o fod trwy gymint o bethe, rhai'n arbennig o dda, rhai'n eitha siomedig. Ond be sy'n bwysig iawn yw bod pobol – tîm, perthnase, cyfeillion, pob un dwi'n nabod – wedi helpu fi drwy amser da ac amser gwael, a fi'n dal i weud bo fi yma o hyd yn brwydro a mo'yn profi pobol yn anghywir, a jyst mo'yn clatsio bant a bod yn hapus.

'Ro'n i'n cael fy ngwrthod ym mhob man am fy mod i'n ferch'

Eirwen Gwynn

Gwyddonydd a Llenor

Darlledwyd: 23 Hydref, 1990

Cerddoriaeth:
1. *Cofio* Waldo: Amy Parry-Williams
2. *Radetsky March*: Johann Strauss
3. *Y wên na phyla amser*: Côr Telyn Teilo
4. *Arafa Don*: David Lloyd
5. *Yma o hyd*: Dafydd Iwan

Beti George:

Mae un peth yn sicr, nid rhyw sgwrs ffwrdd â hi gawn ni'r bore 'ma. Bob tro y mae'r un sy'n gwmni i mi yn agor 'i cheg, mae'n siarad sens. A phan yw hi'n dymuno 'iechyd da' i ni, nid gneud hynny â gwydryn yn 'i llaw yw 'i steil hi, ond yn hannog i gadw gofal o'r pethe pwysica sy' 'da ni – yn corff a'n bywyd. Gwyddonydd, y ferch gynta' a'r unig un am flynyddoedd maith i ga'l Doethuriaeth mewn Ffiseg yng Ngholeg y Brifysgol, Bangor. Mae'n llenor, yn awdur ysgrife, straeon byrion a nofele. Mae'n peintio ac yn garddio, yn llenwi pob munud sydd ganddi.

Ydi'r ysfa i sgrifennu yn dal? Oes 'na rywbeth ar y gweill ar hyn o bryd?

Dr Eirwen Gwynn:

O ma' rwbath ar y gweill bob amsar gen i. Dwi'n graduras aflonydd iawn wyddoch chi, yn neidio o un peth i'r llall. Tipyn o ddiletant dwi'n credu. Tawn i 'di medru glynu at un peth 'wrach faswn 'i 'di gneud rwbath ohoni. Ond ma' bywyd yn ddiddorol fel'na cofiwch.

Dwi'n siŵr. Ydi'r ysfa 'ma i sgrifennu wedi bod ynddoch chi 'rioed?

Nac ydi. Ddim o fwriad yr es i ati i sgrifennu wyddoch chi. Nifer o ddigwyddiada rywsut wnaeth fy ngwthio i i'r cyfeiriad hwnnw. Y peth cynta', John Roberts Williams pan oedd o'n olygydd *Y Cymro*, yn gofyn imi gyfrannu colofn wyddonol i'r papur bob wythnos – wedi 'nghlywad i, neu glywad amdana i'n darlithio, dwi'n credu. Mi o'n i wedi darlithio yn Gymraeg ond do'n i ddim wedi cael fawr iawn o addysg ffurfiol yn y Gymraeg, ac felly ro'n i'n gyndyn iawn o dderbyn, achos do'n i ddim 'di arfer sgwennu. O'n i 'di'n magu yn Lerpwl a pan ddois i Sir Fôn yn un ar ddeg oed, fe'm rhoddwyd i yn y llif Ffrangeg yn 'o fuan oherwydd bod fy Ffrangeg i 'chydig yn well na 'Nghymraeg i. Ac felly, dim ond trwy ymdrech bersonol rydw i 'di dysgu Cymraeg mewn ffordd, a thrwy ddylanwad Harri [ei gŵr, y llenor a'r bardd Harri Gwynn] hefyd, mi fuodd o'n help garw, ac mi fynnodd i mi dderbyn gwahoddiad John a rhoi pob cymorth i mi, a llawer iawn o gyngor buddiol. Mi fûm i'n sgwennu i'r *Cymro* am dair blynedd ar ddeg. Canlyniad i hyn oedd gwahoddiad i sgwennu llyfr. Dyna oedd *I'r Lleuad a Thu Hwnt*. A chanlyniad i hynny wedyn oedd Evelyn Williams [*BBC*] yn gofyn i mi wneud cyfres deledu i blant ar byncia o'r fath, ac wedyn mi wnes i gyfres i bobol mewn oed.

Ac wedyn fuoch chi'n cystadlu'n y Steddfod wrth gwrs. O'dd hynny'n bwysig i chi Eirwen?

Mi fuo'n ddisgyblaeth, ond cyn hynny do'n i ddim wedi mentro ar be ma'n nhw'n ei alw'n sgrifennu creadigol. Wnes i ddim ond sgrifennu ar wyddoniaeth, ond oherwydd y profiad yn y stiwdio, mi benderfynais i gystadlu i ddechra yng nghystadleuaeth ddrama'r *BBC* yn 1970, a thrwy ryw ryfeddod mi enilliais! Gynigiais i ddrama arall i'r *BBC*, wel syniad felly, ond be ges i gan un o'r swyddogion oedd 'Peidiwch â brysio, ma' gynnon ni ddigon i'w gwneud'. Ddaru fi ddim trafferthu gwneud rhagor . . . Ond wedyn, mi ddechreuis i ar storïau byrion ac ennill yn y Steddfod hefo stori fer. Wedi hynny daeth y nofela. Cystadlu am y Fedal Ryddiaith wnes i sawl tro a dod yn bur uchel bob tro, o'n i'n synnu.

Pam ddylech chi synnu Eirwen?

Dwn i ddim. Do'n i'm wedi meddwl y medrwn i wneud y sgrifennu creadigol 'ma . . .

Nawr, fasech chi'n fodlon derbyn bod byw a bwyta'n iach erbyn hyn yn rhyw fath o obsesiwn wedi mynd yn afiach?

Wel, dwn i ddim. Mae o wedi gwneud lles yn barod, dwi'n credu, i lawar o bobol.

Ond yn amal iawn fydda i'n teimlo, wel ma'n well i chi beidio bwyta dim, achos ma' popeth am wn i yn gwneud drwg i chi!

Cofiwch, mae 'na lawar o betha camarweiniol yn cael 'u deud, a dydw i ddim yn cytuno â phob peth sy'n cael 'i ddeud heddiw. Dwi ddim yn cytuno â'r holl sôn am fraster ac yn y blaen. Dy'n nhw ddim yn egluro hwn yn ddigon da i bobol ddeall yn hollol be ddylan nhw wneud.

Bwyta'n rhesymol ife, dyna beth fysech chi'n ein hannog ni neud?

Wel ia, bwyta'n gymhedrol o bob peth a bwyta bwydydd heb fod trwy brosesau diwydiannol cyn belled ag y medrwch chi. Mae pobol yn bwyta gormod o'r bwydydd parod 'ma. Yn fan'na ma'r peryg. A gormod o gacenna a petha felly.

Y pethe braf fel'ny! Beth am ych record gynta' chi Eirwen?

Ma' gin i gannoedd o recordia yn tŷ 'cw ac mi ges i draffarth ofnadwy i ddewis, Beti. Fuo' Harri a fi yn gwrando llawar iawn ar recordia yn enwedig cyn dyddia'r teledu, a tydw'i ddim yn gwrando rhyw lawer heddiw achos ma' gwrando arnyn nhw'n codi hiraeth arna i. Ond roedd Harri yn hoff iawn, a finna hefyd, o Amy Parry-Williams, ac roedd o'n hoff o benillion ac o farddoniaeth Waldo. Felly dwi 'di dewis Amy Parry-Williams yn canu *Cofio* Waldo, hefo Osian Ellis wrth y delyn.

* * *

Nawr ry'ch chi'n byw ar ych pen ych hun ers 1985 pan golloch chi Harri. Y'ch chi'n unig Eirwen?

Ydw'n unig iawn. Dwi'n teimlo'r peth yn arw, ond dwi wedi ymroi i bob math o weithgaredda i 'nghadw fi 'fynd, ond wedyn ma'n rhaid i rywun fynd 'nôl i dŷ gwag bob amsar, rhaid.

Ydi person yn sylweddoli bod colli cymar yn brofiad, be weda'i, mor ddirdynnol cyn iddo ddigwydd?

Na dwi'm yn credu bod neb yn sylweddoli nes mae o'n digwydd.

Fyddwch chi'n darllen 'i gerddi fe a rhyw bethe fel hyn?

Na fydda. Dwi'm yn gneud dim byd sy'n codi hiraeth arna'i. Well gen i beidio.

Be chi'n golli fwya' felly?

Y cyfeillgarwch. O'ddan ni'n cyd-dynnu yn eithriadol o dda.

Er bod y ddau ohonoch chi'n gymeriade cry' iawn?

Oeddan, ac wedi dilyn gyrfaoedd gwahanol a phob peth. Ond prin dim ffraeo fu rhyngom ni 'rioed. Ac oeddan ni'n byw yn hapus iawn.

Ydi e'n wir hefyd i ddweud nad yw cymdeithas rywsut ddim yn gallu dygymod mor hawdd ag unigolyn ag â phâr?

O, yn enwedig merch ynte. Mae'n anodd iawn i ferch fynd ar ei phen 'i hun i rywla on'd ydi? Ma' rhaid i chi ga'l cymar i fynd efo chi fel rheol. Dydi 'ddim yn hawdd fel arall.

Na. Cwrdd â Harri wnaethoch chi yn y coleg ontife, Coleg y Brifysgol, Bangor?

Ia.

Ac wedyn priodi ar ddechre'r rhyfel?

Ie, yn 1942. Ddim yn union ar y dechra felly, ond ie, reit fuan.

A chithe wedyn yn symud i fyw i Lunden?

Wel, i ddechra, mi oedd Harri yn dysgu. Mi gath o'i wrthod i'r Lluoedd. Oedd o'n rhyw deimlo 'dyla' fo fynd i'r Lluoedd oherwydd 'fod o'n gwrthwynebu Hitler yn gry' iawn, ond fe gath 'i wrthod oherwydd iddo fo gael rhyw afiechyd yn y Coleg, a bod dan driniaetha go ddrwg. Wedyn mi aeth i ddysgu. Oedd 'na *Central Register* adag hynny i bobol academig, ac fe gath swydd yn y Weinyddiaeth Gyflenwad yn Warwick. Wedyn mi o'n i'n athrawas Ffiseg yn Ysgol Ramadeg Y Rhyl, ac mi ddaru ni briodi ond doeddan ni ddim yn medru byw efo'n gilydd ryw lawar, ac mi fûm i'n ymgeisio am swyddi, ond methu'n glir â chael dim byd. O'n i'n cael fy ngwrthod ym mhob man am fy mod i'n ferch.

Ie wir?

Ie. Fasach chi'm yn coelio hynny heddiw, ond roedd hynny'n boen, o'n i 'di bod mor feiddgar â mentro i faes dynion. O'n i'r unig ferch ar fy nghwrs yn y coleg, ac mi ges i brofiada digon diflas yn yr arholiad allanol, yr arholwr allanol yn ddirmygus iawn ohona'i. Ac wedyn ymgeisio am swyddi, swydd darlithydd yng Ngholeg Rugby er enghraifft. Doedd rheini ddim yn gwbod mai merch oeddwn i nes i mi fynd yno, ac o'n i'r unig ddoethur ar y rhestr fer, ond fy ngwrthod i ddaru nhw. Edrych yn faleisus arna'i a deud 'I be 'dach chi isio dod yma a gwneud peth fel hyn?', a 'ngyrru fi o'no. Oeddan nhw ddim isio fi.

Ond wedyn yn y diwadd mi ges i waith oedd ddim yn addas i mi mewn gwirionadd, yn yr *Exchequer and Audit*

Department. Chawn i ddim gwaith yn yr un Weinyddiaeth â Harri. Oeddan nhw ddim yn cyflogi gŵr a gwraig. Ond mi roedd 'na adran o'r *Exchequer and Audit Department* yn gweithio efo pob Gweinyddiaeth, yn cadw golwg ar be oeddan nhw'n wneud. Nid cyfrifwyr yn yr ystyr arferol oeddan nhw, ond pobol oedd yn cadw golwg ar weithgaredda'r Weinyddiaeth i sicrhau 'u bod nhw'n unol â pholisi'r Llywodraeth. Ges i waith efo'r rhain fel Cyfrifydd Cynorthwyol.

O'dd hynny'n agoriad llygad i chi i'r hyn o'dd yn mynd mlân yna?

O bobol annwl, oedd! Mi ges i weld faint o bres oedd y cyfoethogion yn 'wneud o'r rhyfal. Achos ein gwaith ni yn bennaf oedd bwrw golwg dros gytundebau efo gwahanol gwmnïau a phetha felly, ac os oeddan ni'n gweld rhywbeth o'i le, adrodd i'r *Controller and Auditor General,* oedd yn gweithio o dan y Trysorlys. Ac mi ddaru fi adrodd mwy nag unwaith am rwbath o'n i'n meddwl oedd o'i le, ond doedd dim byd yn cael 'i wneud os oedd 'na bobol go bwysig ynglŷn â'r peth. Dwi'n cofio un tro, oedd 'na rywun o'r *King's Household* ynglŷn â rhyw gytundeb amheus iawn, ond wnaed dim byd. A dwi'm yn credu bod y Torïaid 'ma heddiw yn wirioneddol isio heddwch. Ma'n nhw'n gneud gormod o bres allan o'r diwydiant arfa.

Eich ail record chi, chi 'di dewis y Radetsky March *gan Johann Strauss. Am ryw reswm arbennig Eirwen?*

Dim ond fod gen i doreth o recordiau offerynnol ac

operâu a phethau felly, ac yn y diwadd mi ddewisiais i rwbath byr, bywiog sy'n adlewyrchu'n hoffter ni o Awstria. Fuon ni'n mynd llawar iawn i Awstria am wylia.

*   *   *

Ych geni yn Lerpwl, Eirwen, ond wrth gwrs yr aelwyd yn gwbwl Gymraeg?

O ia, ond dyna'r unig Gymraeg o'n i'n glywad.

A'ch tad a'ch mam, o ble o'n nhw'n dod?

Mam o Ben Llŷn a 'Nhad o Flaenau Ffestiniog, ond wedi cyfarfod yn Lerpwl. Wyddoch chi fel oedd pobol yn gorfod mynd o Gymru i chwilio am waith.

Yr hyn sydd ddiddorol yw'ch cyfenw chi 'fyd Eirwen ontife? Cyn bo chi'n mynd yn Gwynn?

Saint John-Williams. Ia.

Saint *John-Williams!*

Do'n i'm yn hoffi'r peth o gwbwl. O'dd o'm ddigon Cymreig i mi 'de.

Ond o ble o'dd e 'di dod?

Wel, mae'n stori hir cofiwch. Ond mi o'dd 'y 'Nhad yn fachgan digon tlawd. Mi o'dd 'i ddau frawd o yn ddeintyddion, 'i frawd hyna' fo yn ddeintydd ym

Mhorthmadog, Defi Williams ac mi o'dd hwnnw 'di talu am addysg i'w ail frawd i fynd yn ddeintydd, ac mi a'th hwnnw'n ddeintydd i Lerpwl. Wel, do' 'na'm pres i'r brawd bach, 'y Nhad, ac mi a'th o'n brentis saer i Lerpwl yn bedair ar ddeg oed. Ond mi a'th i ysgol nos. O'dd 'na lawar iawn yn 'i ben o, ac mi ddysgodd lawar yn fan'no ac mi a'th i weithio efo'i frawd, i helpu 'i frawd. Ac wedyn mi a'th am swydd yn Ffrainc o bob man. A do'dd gynno fo ddim Ffrangeg 'dach chi'n gweld, ond o'dd rhaid iddo fo ga'l llythyr o gymeradwyaeth, a dim ond gin 'i frawd fedra fo ga'l y llythyr 'ma, achos isio mynd yn dechnegydd i ddeintydd yn Ffrainc o'dd o, ac wedyn be nath o, ond gollwng y Williams – William John Williams o'dd 'i enw fo. Mi ollyngodd y Williams ac mi wthiodd y *Saint* i fewn a galw'i hun yn William *Saint* John i fynd i Ffrainc! Wedyn o'dd llythyr gin 'i frawd o dan yr enw Williams yn iawn 'toedd?

Oedd, hollol.

Felly digwyddodd hi, ac mi gath bob math o anturiaetha yn Ffrainc, a 'sna'm amsar i ddeud y cwbwl 'te.

Felly o'ch chi'n falch pan briodoch chi?

O, yn falch iawn, achos er nad o'n i'm yn credu y dyla' merch orfod newid 'i henw, o'n i'n falch o neud, i mi ga'l enw mwy Cymreig!

Ond, alla'i i ddychmygu y bydde rwbeth fel Gwynn hefyd yn achosi probleme mewn rhai mannau, o'dd e ddim?

Wel oedd, wel Gwynn Jones oedd Harri yn wreiddiol, ond pan anwyd Iolo yn Llundain, mi geision ni ga'l 'i gofrestru o fel Iolo ap Gwynn, ond ddaru nhw wrthod, deud bo' raid iddo fod yn Jones 'run fath â ninna. Ac felly do' 'na ddim i neud ond i ni ollwng y Jones yn gyfreithiol felly.

Fuodd ddim awydd arnoch chi i fynd yn ddeintydd erioed?

Ew, naddo.

. . . a dilyn ych tad?

Ddim o gwbwl.

O'ch chi 'di cael magwreth felly, be diwylliannol, o'dd e siŵr o fod yn dipyn o help i chi yn ych gwaith ysgol a phethe fel hyn o'dd e?

O oedd, oedd. O'dd 'Nhad yn ddyn eang iawn 'i ddiwylliant. Mi ddechreuodd farddoni pan o'dd o dros 'i drigain ychi.

Do fe?

Dwi'n credu mai'r rheswm pam, oedd 'y 'mod i 'di priodi bardd, ac o'dd o'm yn hoff iawn o'r syniad na fedra fo farddoni hefyd. Ac yn wir mi 'nillodd ar y Delyneg yn y Steddfod Genedlaethol dwi'n credu, a sawl gwaith yn Steddfod Môn.

Ond o'dd e'n awyddus iawn i chi gymryd gwyddoniaeth yn hytrach na'r celfyddyde yn bwnc.

Wel na, do'dd na ddim gwthio, dim ond, o'dd 'na ddiddordeb 'dach chi'n gweld yn y cyfeiriad yna, ac ar yr ochr yna roedd yr ysgol yn rhagori hefyd. O'dd yr ysgol braidd yn sâl ar ochr y celfyddydau.

Felly mi o'dd 'na ferched yn gneud y pyncie yma. Pa ysgol o'dd hi gyda llaw?

Llangefni.

Ac felly mi o'dd y merched yn gneud o'n nhw?

O, amball un. Ddim llawar cofiwch.

Nawr, o'ch chi'n sôn ontife, bod bod yn ferch yn anfantais wrth chwilio am swydd a rhwbeth fel'na, a'r holl brofiade y'ch chi 'di 'cael. Ma'n rhaid ych bo' chi felly yn ffeminist faswn i'n deud Eirwen?

Wel, i raddau. Dwi ddim yn eithafol felly. Dwi'n meddwl bod 'na broblema a fedra i mo'u datrys nhw. Wyddoch chi, dwi'n credu'i bod hi'n ormod yn amal iawn i ferch wneud gwaith amsar llawn a magu teulu a chadw tŷ ac yn y blaen. Wrth gwrs ma' dynion ifanc heddiw yn gneud llawar iawn mwy, yn cyfrannu llawar iawn mwy nag oedd dynion yn f'amsar i. Do'dd 'i ddim yn ffasiynol i ddynion neud fawr ddim yn y tŷ 'radag hynny. Ond dwi'm yn gwybod be 'di'r datrys, dwi'n meddwl hwyrach y dyla' bod cymdeithas yn trefnu mwy o waith rhan amsar i ferchad, beth bynnag tra ma'n nhw'n magu plant ynte. Achos tydi gwaith tŷ ddim yn ddigon, ond mi fedar fod yn ormod efo gwaith amsar llawn y tu allan i'r cartre.

A mae o yn bechod on'd yw e, colli disgleirdeb sy' gan ferched, fel chi?

Wel, hollol, mae'n gollad i gymdeithas ac i'r merchad on'd ydi, ond 'tydi cymdeithas ddim wedi trefnu petha i fod yn hawdd i ferchad, ddim eto beth bynnag.

Felly, mi o'dd y ferch ddisglair annibynnol yma wedi apelio at Harri mae'n amlwg?

Dwn i ddim. Tydi merchad sydd â rwbath yn 'u penna nhw ddim yn apelio at bob dyn cofiwch. Ond ro'dd gin Harri barch mawr iawn at ferchad, ac mi fydda o'i go' pan fydda dynion yn deud na fysan nhw byth yn gweithio dan ferch, achos ro'dd o wedi gweithio o dan ferchad yn y Gwasanaeth Gwladol yn Llundain ac wedi'u canfod nhw yn dda iawn.

Nawr 'te. Ych trydedd record chi. A sôn am ferched . . .

Ia. Côr Telyn Teilo yn canu *Y wên na phyla amser*. Cân Dafydd Iwan wrth gwrs am D.J., ond oeddan ni'n hoff iawn o Gôr Telyn Teilo ac y mae'r gân 'i hun yn dwyn i go' y dyddia cynnar yn y Blaid. Mi ddaru fi ymuno â'r Blaid yn bedair ar ddeg oed ychi.

*   *   *

Y wên na phyla amser.

Ia.

D.J. O'ch chi'n 'i nabod e?

Oeddwn, oeddwn. Fel o'n i'n deud, mi ymunish â'r Blaid yn bedair ar ddeg oed. O'dd 'y Nhad yn aelod yn barod, ond yn bedair ar ddeg mi anfonodd fi i gyfarfod cyhoeddus cynta'r Blaid yn Llangefni. J.E. Daniel ac Ambrose Bebb yn siarad, yn ddynion ifanc iawn pryd hynny, a phump o gynulleidfa! Ond wedi hynny mi fuo' pwyllgor rhanbarth y Blaid yn cyfarfod yn 'y nghartra i yn Llangefni am flynyddoedd ac fe godwyd 'Nhad a finna i fynd i gynrychioli'r pwyllgor ym Mhwyllgor Gwaith y Blaid yn Aberystwyth. Ac yn fan'no mi ddoish i adnabod D.J., Val a Saunders a Kitchener Davies a Cassie Davies, a W.J. Gruffydd ar un adag hefyd. Wel, ddoish i ddim i nabod Saunders yn dda iawn – roedd o'n cyrraedd fel rhyw dywysog i'n plith ni, roeddan ni i gyd yn aros mewn, yn yr un gwesty, ond Saunders. O'dd o jest yn cyrradd, o'dd o'n llywyddu, ac o'dd o'n 'gada'l ni 'te. O'dd o'm yn ymgyfathrachu â ni rhyw lawar iawn.

O'dd neb yn 'i nabod e'n dda dwi'm yn meddwl?

Na dwi'm yn meddwl, na. Ac wedyn mi welish i'r tân yn Llŷn ychi. Achos o'dd gynnon ni fynglo ha' ym Mwlchtocyn, tu draw i Abersoch, ac yn sbio lawr i gyfeiriad Penyberth, ac mi welish i'r tân . . .

Do fe!

Ac yn gorfoleddu 'te.

O'ch chi'n gwbod bod e'n mynd i ddigwydd 'te?

Nac o'n, ond o'n i'n sylweddoli be o'dd wedi digwydd.

O'ch chi wir!

Ag mi gêsh i deligram gin 'y Nhad o'dd yn gweithio yn Llangefni, a gofyn imi gyfarfod o ym Mhwllheli. Ac mi esh i am y bws, ac wedi i mi fynd rhyw filltir, dyma'r ci ar f'ôl i – *Retriever* mawr du annwyl iawn, ond yn edrach yn ffyrnig oherwydd 'i faint – a ma'n dda fod o 'di dŵad, achos erbyn i mi gyrra'dd Pwllheli o'na dyrfa o flaen yr orsaf, gorsaf yr heddlu *(Ie)*, ac o'ddan nhw'n fileinig (*O'en, oe'n*), achos ro' 'na lawar o weithwyr wedi colli 'u harfa yn y tân ynde. O'ddan nhw o'u coea'.

Ond fe newidiodd pethau wedyn wrth gwrs yndofe, fe gethon nhw fwy o gydymdeimlad?

Adag hynny, wyddoch chi, o' pobol Llŷn yn croesawu rhyw betha fel'na i ddod â gwaith 'dach chi'n gweld. O'n i yno i ddisgwyl 'y Nhad o'r orsaf, achos o'dd o wedi cytuno i fod yn feichiau i Valentine. A 'Nhad o'dd y cynta' i ddod allan, a phan ddaeth o drwy'r drws mi esh i i'w gyfeiriad o, i gyfarfod o efo'r ci, ac fe holltodd y dyrfa a gada'l inni fynd. Ac mi aethon i lawr y lôn, a chydig ar yn holau ni fe ddaeth J.P. Davies allan, ychi y Parch. J.P. Davies gynt, ac mi ddaru'r dorf ymosod arno fo. *(Ie)* O'ddan ni ddim digon agos i fedru gneud dim byd ynglŷn â fo 'te, ond mi ddarun 'i guro fo ynte. O, o'ddan

nhw'n medru bod yn fileinig iawn 'radag hynny. Ma'
petha wedi newid, 'sgin pobol ifanc ddim syniad sut o'dd
hi 'radag hynny.

*Be chi'n feddwl o Mrs Thatcher 'te, Eirwen, y fenyw sy' 'di
profi . . .*

Alla'i mo'i diodde hi Beti! Ma' gin i g'wilydd 'i bod hi'n
ferch. Achos dwi 'di deud erioed y dyla' bod 'na fwy o
ferchad mewn gweinyddiaeth, a dwi'n dal i gredu hynny,
ond ddim neb fel hon!

Fydd 'na gyfle i ferched ar ôl hon 'te, chi'n meddwl?

Wel, mae 'di gneud dirfawr ddrwg i ferchad.

*Cofiwch ma'n nhw'n dweud 'i bod hi 'di profi cystal i redeg
llywodraeth ag unrhyw ddyn.*

Wel, ma'n nhw'n deud 'i bod hi'n fwy o ddyn na neb sy'
'na 'tydyn!

Y'ch chi'n un sy yn cael ych corddi on'd y'ch chi?

O ydw, yndw.

*Ac o'dd hynny'n digwydd pan o'ch chi'n ifanc hefyd yn y coleg
a phethe fel hyn o'dd e?*

O oedd. Oedd. Wyddoch chi mi fyddan ni'n ymgyrchu'n
arw ynglŷn â'r Gymraeg yn y coleg – Harri a fi o'dd y
cynta' i siarad Cymraeg yng Nghyngor Cynrychioladol y
Myfyrwyr.

O'dd hynny'n cael croeso?

Wel, nac oedd. Goronwy Roberts [AS Llafur Caernarfon 1945-74] o'dd yn llywyddu, ac mi dderbyniodd o'r peth a chyfieithu be o'ddan ni 'di ddeud. Ond o'dd y myfyrwyr er'ill o'u coea' wrthon ni. A dwi'n cofio tro arall, cerddad allan o ddawns pan oeddan nhw'n chwara *God Save the King*, a'r myfyrwyr i gyd yn 'bŵio ni. O'dd 'i'n anodd 'radag hynny, tipyn anoddach na 'di heddiw i sefyll dros Gymru a'r Gymraeg. Do'dd siarad Cymraeg a bod yn aelod o'r Blaid ddim yn betha parchus o gwbwl.

A ma' pethe'n dal i'ch blino chi. Wi'n gwbod, chi'mbod, bod pethe fel iaith sathredig yn ych cynddeiriogi chi.

O rargian ydyn. Dwi'n poeni am be sy'n digwydd i'r iaith. Wyddoch chi ma' 'na'r fath ymgyrchu i gadw'r iaith, a dwn i'm ydi'r iaith ma' pobol yn 'i defnyddio heddiw yn werth 'i chadw. Wyddoch chi be dwi'n feddwl. Dwi'm isio iaith academaidd, ddyrys. Dim ond peidio defnyddio rhyw eiria fel 'presant', 'nymbar', 'riwmor', 'fforinyrs', 'ecseitio', 'sypreso', a'r erthyl gair 'joio' 'na. Ma' pawb wedi mynd i ddeud 'joio' heddiw!

Ei, peidiwch chi â dweud dim byd am hwn'na Eirwen!

Wel na, mwynhau o'dd pobol yn 'ddeud yn y gogledd beth bynnag.

O! 'joio' y'n ni'n 'weud yn shir Aberteifi.

Ma' pawb yn deud 'joio' 'di mynd, 'warno', 'riteirio',

math yna o betha dwi'n feddwl. Wyddoch chi be dwi'n feddwl, 'does mo'u hangen nhw. Ma' gynnon ni'n geiria yn hunan. A wyddoch chi ma'r geiria yna i gyd yn rhei sy'n cael 'u defnyddio gan gyflwynwyr ar y cyfrynga. Dwi'n credu bod y cyfrynga yn gyfrifol am lawar iawn o ddirywiad yr iaith. Dwi'm yn cwyno ychi os ydyn nhw'n defnyddio *vox pop* dudwch. 'Dach chi'm yn disgwyl i bobol ar y stryd siarad yn goeth iawn, ond 'dach chi'n disgwyl i bobol sy'n ennill 'u bywoliaeth trwy gyfrwng yr iaith siarad yn gymen on'd ydach?

Dyna sy'n digwydd yn Saesneg siŵr o fod ynte?

Wel, yn hollol, fasan nhw'm yn derbyn dim byd arall yn Saesnag. A rŵan mae wedi mynd yn ffasiwn i sgrifennu felly hefyd. Ma' bobol ifanc yn sgrifennu a ma'n nhw'n – wel yr unig feirniadaeth gesh i ar fy nofel ddwetha, yr unig feirniadaeth o bwys felly, oedd gan rywun ifanc o'dd yn deud nad oedd yr iaith ddim yn taro deuddag hefo'i chenhedlaeth hi. Wel tydi iaith yr ifanc ddim yn taro deuddag efo 'nghenhedlaeth i chwaith.

Torri'n Rhydd y'ch chi'n sôn amdano'n awr ie? Y nofel honno sy' 'di cael croeso da on'd yw hi?

A'i chanmol am yr iaith. Ond dwi ddim yn gweld pam fod angen defnyddio'r iaith sathredig 'ma i geisio bod yn boblogaidd. Ma' modd defnyddio iaith syml, gywir heb wneud hynny.

Ych record nesa chi.

Wel, o'n i'n meddwl, wedi cael merchad yn canu, bo' well 'mi ga'l dyn a dwi'n gwirioni efo Bryn Terfel a Dennis O'Neill a Pavarotti a rhyw bobol felly, ond methu'n glir â dewis rhyng'yn nhw. A meddwl wedyn hw'rach mai peidio anghofio'r hen Ddafydd Lloyd ydi'r gora.

Hollol.

Ac wedyn mi gawn ni o yn canu *Arafa Don.*

* * *

David Lloyd.

O'dd o'n wych on'd oedd?

Dwi'n meddwl bod hwnna'n well na Pavarotti pan o'dd o ar 'i orau Eirwen? Dy'ch chi'm yn cytuno?

Oedd, mi oedd o cofiwch. O'dd 'na rwbath arbennig yn 'i lais o. Ond o'dd o mor nerfus wyddoch chi, dwi'n credu bod hynny wedi'i ddifetha fo. Dwi'n cofio gwrando arno fo yn Llundan, mewn rhyw gyngerdd, ac roeddan ni'n ista reit yn y tu blaen, ac o'n i'n gallu'i weld o, o'dd o'n crynu 'chi efo nerfa. O'dd o'n bechod o beth.

Wrth edrych 'nôl Eirwen, pa gyfnod 'sech chi'n dweud o'dd cyfnod hapusa'ch bywyd chi? Dwi'n meddwl am lefydd fel Tyddyn Cwcwallt yn Rhoslan, chi'mbod, yr adeg ramantus 'na yn ych bywyd allen i feddwl ondife?

Adag galad iawn wchi Beti.

O, alla'i ddychmygu hefyd.

Gweithio caled a phryderon ariannol hefyd, fel sydd efo
ffarmio ynte? O'dd 'i'n galad iawn, ond ddaru fi fwynhau
o. Dwn i ddim ma'r adag hapusaf 'w'rach o'dd y cyfnod
ar ôl, wyddoch chi, fuo gin i ofal am bedwar o hen bobol
a brawd gwael 'i iechyd, yr unig frawd sy' gen i ynde 'di
bod yn wael ar hyd 'i oes. Wedi i'r gofalon yna ddarfod 'i
gyd, gath Harri a fi rhyw ychydig o flynyddo'dd efo'n
gilydd. Dwi'n credu i mi fwynhau'r rheiny'n arbennig.
Gaethon ni fynd ar wyliau efo'n gilydd a rhyw betha
felly, yn fwy nag o'ddan ni 'di ga'l erioed o'r blaen.
Dyna'r cyfnod yn Nhyddyn Rhyddallt yn Llanrug, cyn i
Harri fynd yn wael felly.

*Y'ch chi'n un sy'n optimist, yn obeithiol am ddyfodol yr hen
genedl 'ma a'r iaith ac ati?*

Wyddoch chi er yr holl ddarogan gwae sydd ynglŷn â'r
amgylchedd, ac ynglŷn â Chymru a'r iaith, rydw i yn
gweld gobaith at y dyfodol. Er enghraifft, ynglŷn â'r
amgylchedd, mi fûm i'n trafod problemau fel hyn,
problemau pŵer ac yn y blaen, hefo dosbarthiadau 'nôl
yn y pumdega a'r chwedega pan o'dd neb yn sôn 'im byd
amdanyn nhw. Ond ma' pawb yn siarad am y petha
rŵan. O leia ma'n nhw'n siarad. Ma' 'na rwbath yn mynd
i ddigwydd. A'r un modd efo'r iaith, wel fel 'dwi 'di
deud, ro'dd hi'n anodd iawn yn f'ieuenctid i ynglŷn â'r
iaith a Chymru, ond heddiw ma' 'na fwy o
ymwybyddiaeth o Gymreictod, ma' 'na ddeffro wedi bod.
Ma' Cymru yn dechra magu asgwrn cefn.

Y'ch chi'n credu hynny y'ch chi?

O ydw, a ma' hynny yn llawenydd mawr i mi yn fy henaint ynde. Rydwi'n gweld gobaith i'r dyfodol.

Synnu ydw i na fuasech chi wedi mynd yn Aelod Seneddol neu rwbeth fel'na Eirwen?

Wel, fe gesh i wâdd 'chi, ond . . .

Ond pam na fasech chi wedi cymryd e?

Wel, dwn i ddim. Na, mi welish i beth o'dd y bywyd yn un peth, achos pan o'ddan ni yn Llundan, pan etholwyd Goronwy Roberts i'r Senedd yn uniongyrchol ar ôl y rhyfal, doedd 'na unlla iddo fo fynd i fyw ac fe gath o a'i wraig ddod aton ni i aros am dipyn nes i ni lwyddo i ga'l hyd i fflat iddyn nhw. Ag yw! mi welish i sut o'dd o'n gorfod gweithio ynte – cyrra'dd yn ôl oria mân y bora, a finna'n gneud swpar iddo fo 'radag hynny wyddoch chi! O rargian fawr, na!

Ac i fynegi'ch teimlad chi o obaith y'ch chi 'di dewis fel ych record ola' Dafydd Iwan Yma o hyd *ynte?*

Ie. Beth well 'te?

'Fel na byddo mwyach na dial na phoen'

Wil Williams

Carcharor rhyfel

Darlledwyd: 21 Mai, 1998

Cerddoriaeth:
1. *O fy Iesu bendigedig*: Elwyn Jones
2. *Un dydd ar y tro*: Trebor Edwards
3. *Gafael yn fy llaw*: John ac Alun
4. *Tywysog Tangnefedd*: Dafydd Iwan

Beti George:

Mae Caerdydd yr wythnos nesa'n croesawu Ymerawdwr Siapan, a bydd pawb o bwys yn y Gymru gyfoes yno yn wledd fawr i'w anrhydeddu. Hyn i gyd yn cadarnhau bod popeth yn dda erbyn hyn rhwng Cymru a Siapan. Wedi'r cwbwl fe fydde economi'n gwlad ni yn gwegian oni bai amdanyn nhw. Ond nid pawb sy'n hapus â'r croeso y bydd yr Ymerawdwr yn 'i ga'l. Wath ma' 'na nifer yn dal yn fyw heddi a aeth trwy uffern pan oedden nhw'n garcharorion rhyfel o dan y Siapaneaid. A dy'n nhw ddim yn credu bod yr Ymerawdwr wedi gwneud digon i ymddiheurio dros yr hyn yr oedd 'i wlad e yn gyfrifol amdano yn ystod y rhyfel. Un o'r rheiny yw Wil Williams..

Wil Williams:

Mi ges i 'ngeni yn y flwyddyn 1921, mewn tyddyn bychan yng ngodre'r Eifl yn ardal Llithfaen. Ardal hynod o dlodaidd mewn ffordd, ardal chwarelyddol. Do'dd 'na ddim gwaith i chi pan o'ddach chi'n dŵad allan o'r ysgol, dim ond y chwarel. Yr hyn o'n i wedi'i fwriadu pan o'n i'n gada'l yr ysgol oedd mynd i'r môr, ond do'dd fy mam ddim yn awyddus i mi ga'l mynd. Mi o'dd hi'n credu'n hollol 'Wel os ei di i'r môr, ddôi di ddim o'no'. Locar Dafydd Jones o'dd o iddi hi. Mi o'n i 'di ca'l fy nwyn i fyny ar aelwyd ddigon crefyddol. Un o'r adnodau cynta' ddysgais i o'dd 'Anrhydedda dy dad a'th fam, fel yr estynner dy ddyddiau ar y ddaear'. Felly mi o'dd rhaid rhoi mewn iddi hi. Hi o'dd brenhines y cartre.

Achos fe adawoch chi'r ysgol yn ifanc iawn, a mynd i weithio fel saer maen?

Pedair ar ddeg oed. Saer beddfeini o'n i mewn ffordd. O'n

i'n gneud prentisiaeth hefo nhw am dair blynadd a hannar ym Mhwllheli ac mi o'n i'n hoff iawn o'r gwaith a phopeth. Ond wedi cwblhau prentisiaeth do'dd 'na ddim gobaith am waith. Do'dd gin neb ddim diddordab o gwbwl. Ma'n bur debyg 'bod nhw'n gwybod bod y rhyfel i ddod, dyna o'dd o yn y gwraidd. Wedyn mi fuo raid i mi gym'yd gwaith arall, gweithio fel pobydd.

Pobydd. O'dd y bara'n dda siŵr o fod?

O oeddan. Mi oeddan nhw'n llawn gwell na ma'n nhw heddiw dwi'n credu.

Oes 'na bobydd yn Llithfaen erbyn hyn?

Nac oes ma' hwnnw wedi cau. Popeth wedi cau erbyn heddiw . . . Ma'r diweithdra wedi dŵad yno. Pobol ddiarth sydd 'no, pobol mynd a dŵad. Dyna sy'n y rhan fwya yn ardal Llithfaen heddiw.

Ac wedyn wrth gwrs, peth arall ddigwyddodd cyn bod y rhyfel yn dod yn yr ardal 'ma oedd llosgi'r Ysgol Fomio ynte? 'Chi'n cofio hynny?

Yndw, dwi'n cofio'r awyrenna cynta'. Dwi'm yn cofio faint o'dd f'oed i, i sicrwydd, ond dwi'n credu mai gweithio fel saer priddfeini o'n i ar y pryd. A dwi'n cofio'r awyrenna'n dod drosodd i Benrhos. Mi o'dd llosgi'r ysgol fomio wedi digwydd cynt. Do'ddan nhw ddim isio gweld y ffasiwn beth yn dŵad i'r ardal yma. Ond wedyn mi o'dd hwnnw'n dwyn gwaith i'r ardal, achos mi o'dd hi'n mynd yn ardal dlodaidd on'd oedd?

Felly o'ch chi yn gwrthwynebu'r llosgi?

Do'n i ddim yn cym'yd sylw ohono fo, a bod yn onast. Do'dd gin i ddim diddordab yno fo. Peth cenedlaethol o'dd o ar y pryd, a dwi'm yn meddwl 'mod i'n wir genedlaetholwr heddiw chwaith.

Nag y'ch chi?

Na. Ond dwi'n hoffi'r iaith Gymraeg ynde.

Wedyn, fe ddaeth y rhyfel. Wnaethoch chi wirfoddoli i fynd i'r rhyfel, neu fu raid i chi fynd?

O na, gorfodaeth oedd o.

A beth o'dd ych oedran chi?

Pedair ar bymtheg oed.

Megis llencyn.

Ia. A ddim yn gwbod beth oedd rhyfel na dim byd. Edrach arno fel rhyw fath o anturiaeth mewn ffordd.

Felly, pan roed chi ar y llong 'ma, o'ch chi'n gwbod ble o'ch chi'n mynd?

O nag'ddan. Popeth yn ddistaw. O'dd 'na ryw rybudd yn bodoli yn y wlad yma ar y pryd, a'r geiria am hynny o'dd *'Walls have ears'*. Felly mi o'dd popeth yn gyfrinachol 'dach chi'n gweld. Wedi cychwyn allan o Lerpwl mi naethon ni lanio yn Freetown yng Ngorllewin Affrica i ga'l bwyd a cha'l tanwydd i'r llong, ac mi o'dd y gynna' efo ni yn y confoi. I'r Dwyrain Canol o'ddan ni 'fod i fynd. Mi lwyddon ni i fynd drosodd o'r wlad yma i Freetown heb ddim ymyrraeth o gwbwl. Ond pan o'ddan ni wedi bod yn llwytho yn Freetown yn barod i gychwyn allan, mi gaethon ni'r ymosodiad cynta' gan y gelyn Almaenaidd. Noson ola' leuad braf o'dd hi ac o'n i'n gweld y torpidos 'ma'n dod trw'r dŵr fel gwybad, ac o'ddan ni'n clywad y gynna' mawr yn ca'l 'u tanio ar y *frigates* ac yn y blaen, y rhai o'dd yn gwarchod ni. Do'ddan ni'n gwybod dim be o'dd yn digwydd 'dach chi'n gweld, a pan ddeffron ni bora trannoeth dyma ni'n darganfod mai ni o'dd yr unig long ar y môr. Do'ddan ni'm yn gwbod be o'dd wedi digwydd, o'dd y lleill wedi ca'l 'u suddo 'ta beth, a chaethon ni ddim gwbod hyd y dydd heddiw. Mi o'dd yn gynna' ni a phopeth wedi mynd i rwla. Anfonwyd ni wedyn ar y llong i Durban yn Ne Affrica. Amsar hynny caethon ni wybod bod y Siapaneaid wedi ymuno â'r Ail Ryfal Byd trwy ymosod ar Pearl Harbour.

Beth am ychydig o gerddoriaeth Wil, fyddwch chi'n gwrando ar gerddoriaeth yn aml?

O bydda. Mi fydda i'n mynd i 'ngwely bob nos Sul am hannar awr 'di saith, ac ar y radio bydda i'n gwrando. Rhaglen Dai Jones ac wedyn John Roberts Williams, *Dros fy sbectol*. Ac mi fydda i'n gwrando ar *Talwrn y Beirdd*. Dyna nhw 'mhetha fi.

Y'ch chi 'di dewis Elwyn Jones yn canu.

Y rheswm wnes i ddewis *O fy Iesu bendigedig*, mi o'n i'n teimlo yn y rhyfal 'bod ni wedi ca'l ein gwahanu o'dd wrth bopeth. O'n i wedi ca'l fy nwyn i fyny ar ochr grefyddol, nid 'mod i'n grefyddol iawn. Mi o'n i'n teimlo nad o'dd gynnon ni ddim cymorth o unman, ond bod rhaid imi droi i rwla, ac felly troi at yr Arglwydd Iesu wnes i. A dyma pam 'mod i'n dewis *O fy Iesu bendigedig*, mae wedi bod yn gymorth i mi ar hyd y daith.

* * *

Felly yn y rhan yma, Singapôr a Malaya y gwelsoch chi'r brwydro cynta'.

Brwydro, ia.

Pa fath o frwydro o'dd e Wil, ma' rhaid i chi gofio, 'dyw pobol heddi ddim yn cofio dim byd am y rhyfel, nad y'n nhw?

Fel o'dd y Siapaneaid yn dŵad, ond do'dd 'na'm diwadd arnyn nhw 'chi. O'ddan nhw fel pla o lygod mowr, mi ddaethon drwodd 'dach chi'n gweld. Ac wedi i ni golli'r gynna' mi aeth yn ymladd law yn llaw, a toeddan ni'm yn gwbod dim byd am y peth.

Felly o'dd gyda chi wn llaw?

Oedd, dim ond reiffl. Ac wedyn gorfod rhannu hwnnw rhwng 'n gilydd. Do'dd gynnon ni ddim arfa i arbad Singapôr o gwbwl.

O'ch chi wedi saethu cyn hynny?

O'n i 'di bod yn saethu gwningod ac ati 'de! Ond, na dwi rioed wedi saethu un dyn chwaith, dwi'm yn meddwl.

Wnaethoch chi ddim lladd neb?

Na dwi'm yn meddwl. Mi wn i am un baswn i yn hoffi, taswn i 'di ca'l gwn. Yr hen ymerawdwr Siapan, Hirohito. A dwi'n credu taswn i'n ca'l mynd i weld yr un newydd 'ma sy'n dod i Llundain ac i Gaerdydd ar hyn o bryd, dwi'n siŵr taswn i'n ca'l mynd yno a cha'l gwn, mai siot faswn i'n roid iddo fo!

Wedyn pan fu raid i chi ildio . . . ry'n ni'n gweld ffilmie o filwyr yn gorfod rhoi 'u breichie i fyny'n yr awyr a chwifio rhyw faner wen. Sut oedd y peth yn digwydd?

Dyna ddigwyddodd efo ninna. Do'dd 'na ddim gobaith 'dach chi'n gweld. Dwi'n cofio, 'chydig cyn i Singapôr gwympo, mi o'dd 'na bennawd yn digwydd bod yn y *News of the World*, a dwi'n cofio'r geiria hynny, '*Hang on Singapore 'till the 15th, and the skies will be black with planes*'. O'dd hynny'n galonogol i ni. Ond pan ddoth y pymthegfed o'dd yr awyr yn ddu, ond awyrennau'r Siapaneaid o'ddan nhw. Ac mi o'ddan ni'n ca'l gorchymyn i daflu'n harfau i lawr, ond 'bod ni'n gofalu dinistrio rhywfaint arnyn nhw hefyd, fel nad o'ddan nhw ddim yn gweithio'n effeithiol i'r Siapaneaid.

A'r noson gynta', gysgoch chi o gwbwl?

Do am wn i, cael hyd i hen sach a defnyddio hwnnw fatha planced.

A ddim yn breuddwydio beth o'dd o'ch blaen chi?

Do'dd neb yn dychmygu. Pan gaethon ni'n trosglwyddo drosodd i Singapôr, i'r barics yma, mi o'dd 'na fil ohonan ni, yn cynnwys swyddogion, ac mi ddewiswyd ni i fynd i lawr i Singapôr. Mi o'dd y Siapaneaid yn deud bod nhw'n mynd â ni i Siapan, ond y peth nesa gafon ni o'dd dechra cerddad eto. Cerddad bob cam i lawr i Singapôr, er bod gin y Sapaneaid dransport i fynd â ni.

Ar ôl inni gyrraedd Singapôr, mi ddaru'r Siapaneaid ddechrau gwneud arbrofion ar garcharorion. Mi o'dd 'na dîm o feddygon wedi dod i lawr o Manchuia, rhyw *unit 347.* Doeddan ni ddim yn gwbod be o'dd yn digwydd ar y pryd, mi o'dd y peth mor ddiarth i ni, ond ar ôl dod adra mi ddaethon i ddallt. Be o'dd y meddygon 'ma'n neud o'dd rhoi *injections* i ni ac wedyn cwpog – *vaccination.* A ffor' o'ddan nhw'n gneud hynny o'dd rhwygo'r croen efo rhyw erfyn, fel rhyw fath o fachyn pysgota enfawr. Do'dd 'na ddim glanweithdra o gwbwl, mi o'dd hwn yn mynd o un corff i'r llall, yn archolli a rhoi rhyw hylif arnyn nhw wedyn. Peth arall wnaethon nhw o'dd dŵad â rhyw hen ddiwb mawr hir a rhoi rhyw hylif yn hwnnw. Wedyn gwthio hwnnw i fyny'ch pen ôl chi yn ddidrugaradd. Mi o'dd hynny'n gwneud damej, dim ond yn ddiweddar iawn, yn 1982, ydw i wedi ca'l atgyweirio'r pen ôl. Cyn hynny do'dd gin i ddim rheolaeth ar y *bowels* o gwbwl. Poetsio'r cwbwl 'dach chi'n gweld. Ar ôl dod adra daethon ni i ddealltwriaeth ma' gneud arbrofion arnon ni ar gyfer *chemical warfare* o'ddan nhw. Y bwriad o'dd, mae'n bur debyg, petai y Siapaneaid wedi mynd yn fyr o fagnelau ac yn y blaen, yr unig beth fasan nhw'n neud wedyn fasa gollwng hwn fel *spray.* Ma 'na sôn am betha tebyg yn y *Gulf War* rŵan on'd oes?

Ac fe ddioddefoch chi?

Do. Chafodd pob un ohonon ni mo hyn. Y sawl o'dd 'di ca'l 'i ddewis, o'ddach chi'n gorfod gwisgo tag am ych gwddw, ac mi fuo hwnnw gin i hyd y diwadd, i ddangos 'mod i wedi ca'l yr arbrofion. Mi ges i dri o arbrofion i gyd, yr un ola' pan o'ddan ni i fyny yn Thailand. Isio gweld o'ddan nhw pa effeithia o'dd y gwahanol betha 'ma'n 'ga'l arnon ni.

O'ch chi'n diodde . . .

Y ffordd ddaru o effeithio arna i'n bersonol, ac ar bob un arall, ymhen ychydig o ddyddia, ca'l anfarth o gur 'n ych pen, nes o'n i'n drysu. Wedyn mi o'dd y golwg yn mynd, ddim bod chi'n ddall chwaith, mi o'ddach chi'n dal i weld rhyw arffwys, ond fedrach chi ddim gneud y gwahaniaeth pr'un 'ta person ynta anifail neu ryw wrthrych arall o'dd o, dim ond bod chi'n gweld rhywbath yn dod yn y llwydni. Wedyn mi o'dd y coesa wedi mynd, mi o'ddach chi'n ddiymadfarth. Ac wedi hynny mi ddoth y dolur rhydd 'ma, a'r *dysentery* wedyn. Mi barodd hwnnw am tua deg diwrnod. Ar ôl hynny mi o'ddach chi fel tasach chi'n dŵad atach ych hun am sbel, dyna hwnnw drosodd. Yr un peth ddigwyddodd ar y tri tro y cefais i'r arbrofion 'ma, yr un symtoma. Rhyw fath o *germ warfare* o'dd o am wn i. Dwi'm yn gwbod.

Chi 'di dewis Un dydd ar y tro *gan Trebor Edwards?*

Do. O'n i wedi ca'l fy nghamdrin yn Saigon fel 'dach chi'n gwbod, ac wedyn pan o'n i'n dod i fyny i Thailand mi ddoish ar draws cyfaill i mi, o'n i wedi'i adal yn Singapôr. Mi o'dd o'n un o dri o fechgyn, dwi ddim yn gwbod be o'ddan nhw wedi neud, ella 'bod nhw wedi trio cysylltu â'r Thais i ga'l arian a tamad o fwyd, dwi'm yn gwbod. Ond mi o'dd y tri wedi gorfod torri 'u beddi'u hunain. Mi ddienyddwyd y tri yn y fan a'r lle, ac mi o'ddan ninna'n gorfod 'u claddu nhw. Bywyd fel'na o'dd o fel carcharorion, do'dd dim hawl i ddewis mwy nag un diwrnod. Dyna'r rheswm dwi 'di dewis *Un dydd ar y tro*.

*   *   *

Ym mhle y gwelsoch chi greulondeb ar 'i waetha?

Yn bersonol, y creulondeb gwaetha gefais i pan o'ddwn i yn Saigon yn Fietnam – neu Ho Chi Min City heddiw ynde. O'ddan ni'n noethion waeth 'chi ddeud, ac mi oedd rhai o'r carcharorion wedi bod yn lladrata. Petha fel pysgod sych, powdwr llnau dannadd, pacad o sigaréts ac yn y blaen, fedrach chi ddim mynd â dim byd mawr i mewn i'r gwersyll. Do'dd gin i ddim byd i'w wisgo erbyn hyn, dim ond petha o'ddan ni'n alw'n *loincloth*.

'Na i gyd o'ch chi'n 'wisgo?

Dim ond *loincloth*. Dim crys o gwbwl. O'ddan ni'n cadw'n crysa i neud *dressings*, deudwch chi bod chi'n ca'l *ulcers* ac yn y blaen. Do'dd y Siapaneaid yn rhoi dim inni 'dach chi'n gweld.

A beth am fwyd yn y cyfnod yma, pan o'ch chi'n gweithio?

Hynny o'ddan ni'n 'ga'l o'dd tair cwpanaid o reis y dydd. Un yn y bore, ac os oedd y reis yn brin yno, o'ddan ni'n 'i ga'l o wedi'i deneuo, peth 'ddan ni'n alw yn pap reis. Rwbath yn debyg i uwd. Cwpanaid o hwnnw gaech chi. Wedyn mi gaech gwpanaid arall o reis ganol dydd, os o'ch chi allan yn gweithio mi o'ddach chi'n gorfod mynd â hwnnw efo chi. Ond mi o'dd o wedi suro erbyn canol dydd yn y poethdar. Cwpanaid o reis drachefn gyda'r nos ar ôl cyrraedd yn ôl. Mi o'dd y reis yma i gyd o'r radd waela fedrach chi ga'l gafal ynddo fo. Mi o'dd o'n llawn o *maggots* ond wrth gwrs mi o'ddan nhw wedi marw yn y gwres wrth 'i gwcio fo on'd oeddan.

O'ch chi'n ei fyta fe?

O'dd rhaid i chi fyta ne' llwgu. Ond o'ch chi'n 'gym'yd o. O'dd 'na lawar un na fedran nhw ddim troi gwynab arno. A rheini'n ddynion mawr, wyddoch chi, o'ddach chi'n meddwl o edrach arnyn nhw basan nhw'n mynd trwy uffarn, na fasa 'na ddim byd yn 'rhwystro nhw, ond rheini o'dd y gwana yn y diwadd.

Stwff arall o'ddan ni'n 'ga'l o'dd rhyw *lime rice*, y peth mwya drewllyd erioed, ogla fatha wyau gorllyd. Mi o'dd rhaid ichi fyta hwnnw hefyd, a rhyw chwartar peint o ddŵr o'ddan ni'n ga'l i yfad bob pryd. Chwartar peint yn y bora, chwartar ganol dydd a chwartar gyda'r nos. A dyna fo.

I fynd yn ôl at y lladrata 'ma, beth ddigwyddodd pan ffindiodd y Siapaneaid . . . ?

Mi ddoth y Kempatize 'ma, y bobol o'dd yn gyfrifol am reoli'r docia. Mi o'ddan nhw'n ych archwilio chi cyn dod allan o'r docia i fynd i'r gwersyll, a dyna sut naethon nhw ddarganfod y petha 'ma. Do'dd 'na ddim llawar ohonon ni a be ddaru nhw ond dewis tri allan o'r criw, i dderbyn y gosb, fel esiampl i'r gweddill. Mi o'n i'n un o'r tri, ac un bachgan o Lloegar a bachgan o'r Alban.

Fi cath hi gynta'. Mi ofynnodd y Siapaneaid 'Why you steal Japanese property?' Ac mi o'n trio bod mor faesol â medrwn i hefo fo, 'I didn't steal any property of Japanese, sir'. Meddwl baswn i'n 'i syrio fo 'te. 'Why you steal Japanese property?' medda fo wedyn. A be gefais i wedyn o'dd slap ar ochor y glust dde 'ma, hefo butt y reiffl, nes o'n i'n diasbedain. Wedyn mi a'th o'ddi wrtha' i at y nesa, a phan o'dd o'n holi hwnnw mi o'n i'n teimlo rwbath g'lyb, o'n i'n meddwl mai chwysu o'n i, ond erbyn i mi roi fy llaw yno, gwaedu o'n i trwy'r glust. Pan o'dd o efo'r ail fachgan mi drois i rownd a gweld mai archolli corff hwnnw ddaru nhw, efo'r hen gledda' 'ma, dim ond 'i rwygo fo nes o'dd o'n gwaedu. Odd'wrth hwnnw wedyn at y trydydd a gofyn yr un peth, 'Why you steal Japanese property?' Ac mi roth gic i hwnnw ar y ddwy goes, ar y shin, nes bod croen 'i goes o'n codi i fyny, wedi'i rwygo efo esgid. Wedyn mi ddoth o'n ôl ata'i ac mi ofynnodd eto, 'Why you steal Japanese property?' Ac mi ddudish inna eto 'Well, I didn't steal any Japanese property, I didn't steal at all.' Amsar hynny mi trawyd fi yn fy ngheg efo butt y reiffl. Mi gollais fy nannadd i gyd. Ac wedyn mi a'th yn ôl at lleill, dwn i ddim be ddaru o i'r ddau arall, ond mi ddoth yn ôl, a dyma fo'n deud, 'You will be shot'. Mi o'dd y ffasiwn boen gynnoch chi yn ych ceg ac yn y glust, am wn i fasa bwlet yn rhatach . . .

Ac yn rhyddhad i chi mewn gwirionedd.

Ia. A be ddaru nhw wedyn o'dd gyrru gweddill y carcharorion i'r gwersyll, ac mi o'ddan ni'n meddwl 'bod ni'n mynd i ga'l siot yn y fan a'r lle. Mi gadwyd y tri ohonan ni yn ôl ac mi rhoeson ni i ista ar ryw ryw fath o fainc, a hwn yn holi wedyn. *'You bad men, you steal Japanese property. No good, no good,'* medda fo. Mi roth yn dwylo ni ar y bwrdd a'u taro nhw wedyn efo'r reiffls 'ma. Dydi'r dwylo 'ma'n da i ddim byd heddiw wyddoch chi. Dwi'n gollwng llawar o betha. Dydi 'ddim yn hawdd i mi ddal cerdyn yn fy llaw ar bylia. A dwi'n 'smygu fel 'dach chi'n gweld, a dwi'n ca'l tafod 'te, imi beidio rhoi'r lle 'ma ar dân! Ond dyna fo, 'does dim o'r help.

Wedyn mi awd â ni'n ôl i'r gwersyll, mi o'n i'n dal i feddwl 'bod ni'n mynd i ga'l yn saethu. Ond be ddaru nhw o'dd ein rhoi ni ar weiran, y tri ohonon ni yn grog ar wifran bigog, tu allan i *guard room* y Siapaneaid. Fedran ni ddim cyffwrdd llawr na dim byd, dim ond wedi hongian gerfydd ein breichiau. Mi fuon ni yno am ddwy noson gyfa a diwrnod a hanner, heb lymaid o ddiod na dim byd i 'fwyta, na neb i ymgeleddu na dim. Mi o'dd y Siapaneaid, y *guards* yn dod yno aton ni a gofyn, *'You want smoke?'* Chitha'n deud *'Yes'*. A be o'ddan nhw'n neud wedyn, yn lle rhoid y sigarét i chi, o'dd 'i stympio hi ar ych croen chi.

Yn ych profiad chi, o'dd y Siapaneaid i gyd cynddrwg â'i gilydd?

O oeddan. To'dd na'm dewis rhyngddyn nhw. Ar ôl hynna mi aed â ni i ryw fath o ysbyty, i ymgeleddu dipyn bach. O'ddan ni'n dal dan ddedfryd o farwolaeth hyd o'ddan ni'n gwybod. Ond wedyn dyma'r Kempeitai [plismyn militaraidd y Siapaneaid] yn dod i 'nôl ni. Mi o'ddan nhw isio chwe chant o ddynion i fynd i weithio i rwla. Mi naethon ni ymgynghori â'n penaethiaid ni, y rhai Prydeinig, a gofyn fasan ni'n ca'l mynd yn y parti gan feddwl basan ni felly'n osgoi'r ddedfryd o farwolaeth. A dyna ddigwyddodd. Ond mi aethon ni o'r badall ffrio i'r tân.

Gafael yn fy llaw, John ac Alun, ydi'ch record nesa chi.

Ia. Pan o'ddan ni yn yr ysbyty 'ma ac yn diodda efo'r holl afiechydon – *malaria, cholera, dysentery* ac yn y blaen – fel o'n i'n ddeud do'dd gynnon ni ddim cysylltiad â chartra na dim byd. Wedyn to' gynnoch chi neb arall i droi ato fo, dim ond dibynnu am gynhaliaeth o'r uchelder . . .

*   *   *

Felly o'r badell ffrio i'r tân meddech chi. I ble aethoch chi wedyn 'te?

Mi fuon ni drw wahanol wersylloedd. Mi o'dd 'na rai wedi mynd o'n blaenau ni 'dach chi'n gweld, o le o'r enw Banpong [yn Thailand] i fyny i Kanchanaburi. Do'dd hi ddim yn rhyw ddrwg yn fan'no, tir gwastad o'dd o. Ond o Kanchanaburi i fyny i Thanbyuzauat yn agos i'r ffin rhwng Thailand a Burma, wel mi o'dd hi'n uffern ar y ddaear yn fan'no. Mi o'dd y caledi'n ddychrynllyd. Mi o'dd yr afiechydon 'ma'n ych trwblo chi, 'nenwedig y *dysentery* a'r *malaria*, ond mi o'dd Siapaneaid yn ordro bod rhaid iddyn nhw ga'l hyn a hyn o ddynion bob diwrnod. Do'dd dim ots pa gyflwr o'ddach chi yn'o fo, dim ots am yr afiechydon. Os nad o'ddan nhw wedi ca'l digon o ddynion mi o'ddan nhw'n tynnu rhai allan o'r ysbytai, o'ddach chi'n cario rhai ohonyn nhw i gario cerrig ac yn y blaen. A'r rheini wedyn yn marw ar ochor y ffordd.

A jest 'u gadael nhw wedi marw?

Claddu nhw ar ochor y rheilffordd. Ac yn y jyngl. Gair arbennig gin y Siapaneaid o'dd '*spido*'. Bob dim yn digwydd ar wib, do'dd 'na ddim amsar i ddim. Os o'ddach chi'n methu ymlwybro, mi gaech slap efo rwbath agosa i law, gwn neu bren neu gaib neu raw. Do'dd dim gwahaniaeth gynnyn nhw beth.

Mae'n wyrth ych bod chi 'di goroesi?

Wel ydi, a deud y gwir, achos pan es i i'r fyddin naw stôn o'n i'n bwyso. Ac wedyn pan gyrhaeddis i ysbyty yn Rangoon pedair stôn o'n i.

Mae'n anodd credu'ch bo' chi wedi byw.

Ydi. Ma'n siŵr mai ffydd o'dd o wyddoch chi.

A ma' Siani'r wraig wedi bod yn gefn mawr i chi?

Iddi hi ma'r diolch, a deud y gwir, 'mod i'n dal yma. Oni bai amdani hi dwi'm yn meddwl y baswn i wedi dal y petha 'ma i gyd. A'r genod, y tair merch sy' gynnon ni, ma'n nhw 'di bod yn hynod o garedig, ac yn gofalu'n dosturiol.

Ymweliad yr Ymerawdr 'ma nawr. Wrth gwrs ry'n ni yng Nghymru'n dibynnu gymint ar y Siapaneaid y dyddie yma on'd y'n ni, o safbwynt gwaith ac economi.

Yn naturiol 'de. Ond dyn ydw i, a fedra'i ddim prynu'u petha nhw, do's 'na ddim byd wedi'i neud gan Siapaneaid yn dod drw'r tŷ 'ma. Dwi'n gwrthod nhw i gyd, yn deledu ac yn y blaen. Dwi'n gwbod bod 'na ddiweithdra, ond ma'r Siapaneaid yn gallach na ni'r prynwyr. Ma'n nhw wedi gweld bod 'na ddiweithdra ym Mhrydain Fawr ac yng Nghymru. 'Dyma le i ni lenwi'n pocedi. Mi ddown ni â gwaith iddyn nhw. Ond mi fydd y proffit yn mynd yn ôl i Siapan.' Dwi'n falch bod 'na waith, cofiwch. Ond do'dd 'na ddim gwaith i ni gyn-garcharorion. Dyna pam dwi dipyn bach yn erbyn y peth.

Allwch chi ddim maddau i'r Siapaneaid?

Wel mi ddylwn i, am 'mod i dipyn bach yn Gristionogol ynde. 'Does gen i ddim atgasedd at drigolion Siapan 'u hunen, y genhedlaeth bresennol 'ma. 'Does gen i ddim hawl i ddal dig at bobol ifanc Siapan heddiw. Ond ma' f'atgasedd i, a fy nghyd-garcharorion, yn mynd yn ôl at Lywodraeth Siapan 'i hun. Ma'r atgasedd hwnnw'n parhau. Yr hyn 'dan ni isio'i gael ydi llwyr ymddiheuriad gan yr ochor filwrol a chan lywodraeth Siapan.

A hwnnw'n un cyhoeddus.

Un cyhoeddus, ia, fel bod y byd yn gwbod amdano fo. Ond ma'n nhw isio cadw gwynab. Dy'n nhw ddim isio i ieuenctid Japan wbod y troseddau mae 'u cyndadau a'u cyndeidiau nhw wedi eu gwneud ar garcharorion rhyfal. Fedrwn ni ddim anghofio. Ddim tra ma'r hen gorff 'ma fel y mae o. Ma' hwnnw yn f'atgoffa fi ar lawar achlysur, pan dwi'n yr ysbyty ac yn y blaen, neu wrth siarad efo chi rŵan. Fedrwch chi ddim anghofio. Dyna pam ydan ni'n awyddus i ga'l rywfaint o iawndal, fel 'bod ni'n ca'l mwynhau gweddill ein hoes.

Y'ch chi'n heddychwr erbyn hyn?

Dwi'n casáu rhyfal, yndw, yndw. A dwi'n siŵr petai 'na ryfal yn torri allan fory nesa, a 'mod i mewn cyflwr ac oedran i ymuno, mai gwrthod faswn i. Faswn i ddim yn mynd trw'r un peth eto, a faswn i ddim yn licio gweld neb arall yn mynd trwyddo chwaith.

'Chi 'di dewis fel ych record ola' Tywysog Tangnefedd.

Ia, y gân lle mae Dafydd Iwan yn canu am i rieni plant beidio prynu teganau fel gynnau a thanciau ac yn y blaen. Os ydi rhieni'n rhoi rheina i'r plant, be ma' hynny'n 'ddysgu iddyn nhw? Dysgu atgasedd a rhyfeloedd, dwi'n meddwl. A dyna'r rheswm dwi 'di dewis hon, 'fel na byddo mwyach na dial na phoen, na chariad at ryfel ond rhyfel yr Oen' ynte?

'Iechyd mae'n straen bod yn gomic'

Mari Gwilym

Actores/Sgriptwraig

Darlledwyd: 10 Mehefin, 1999

Cerddoriaeth:
1. *Fflat Huw Puw*: Mynediad am Ddim
2. *Carmina Burana*: Carl Orff
3. *Gymnopedies*: Erik Satie
4. *Dros Gymru'n gwlad (Sybelius)*: Dafydd Iwan

Beti George:

Y darlun sy'n neidio o fla'n y llyged yw ohoni'n actio mewn sioeau i blant, y ferch fach, fach o ran taldra, a bywiog, bywiog a doniol, yn gwisgo sbectol oedd yn fwy na'i hwyneb bron . . . Merch fach swil a mewnblyg, dyna'r darlun y ma' hi'n ei baentio ohoni'i hun pan ro'dd hi ar 'i thyfiant ym Mhontllyfni. Anodd credu . . .

Shwt hwyl sy' arnoch chi fan'na ym Mangor heddi?

Mari Gwilym:

Dwi'm yn dda o gwbwl 'chi Beti. Dwi 'di crafangio'n ffor' i mewn i Fangor. Mae'n tywallt y glaw 'ma. Dwi'n annwyd i gyd.

O dwi'n ddiolchgar bo' chi 'di dod mewn.

Mi dwi'n bils ac yn grîm yma 'mhob man. Ma' gin i ryw ddŵr yma a tabledi nadu cosi'n 'y ngwddw fi, a ma' gen i focs mawr yn fan hyn, *'Tickly Dry Cough'* . . . ond gobeithio na wna i'm tagu.

O na newch dwi'n siŵr. Os newch chi, wel 'na fe.

Pan o'n i'n mynd ar daith hefo'r Cwmni Theatr, 'Mari Benylin' oeddan nhw'n 'ngalw fi ers talwm chi, achos o'dd gen i gwpwrdd pils a crîm. Ac wedyn os o'dd rhywun yn sâl o gwbwl oeddan nhw'n cael pils gin i – aspirins, pils mynd i'r toilet, pils rhwmo, pils rwbath!

Pils i neud i chi dyfu Mari?

Ma' gin i stori am hynna. Pan o'n i ryw ddeg oed mi es at y doctor ac mi o'dd o'n fyr o gorffolaeth, y doctor, a 'nes i ddeud, 'Dwi wirioneddol ddim yn licio bod mor fach â hyn.' 'A deud y gwir dwi wedi edrach i mewn i'r matar,' medda fo, 'achos o'dd ych mam yn deud bo' chi ddim yn hapus o gwbwl.'

O!

Allwch chi, Beti George, chwerthin, ma' gynna chi goesa mawr hir. Pan o'n i'n blentyn bach o'n i'n gweddïo bob nos 'Ein Tad yr hwn wyt yn y nefoedd, plîs ga'i goesa hir,' ac wedyn o'n i'n deffro'n bora, a dyna lle'r oedd 'y nghoesa byr i o hyd. Ond beth bynnag, dyma'r doctor yn deud, 'Ma 'na *growth hormones* i ga'l, a dwi 'di gofyn i'ch mam fasach chi'n licio llyncu nhw'. O ddifri rŵan!

Ond wnethoch chi ddim Mari?

Naddo, nath Mam 'im gadal i mi, 'chos o'dd Mam yn nyrs drwyddedig, ac o'dd 'na *steroids* neu rwbath yn y pils 'ma. Falla bo nhw 'di perffeithio nhw erbyn hyn ynde, ond 'nes i ddarllen yn y *Guardian* neu rwla, rai blynyddoedd yn ôl, bod 'na bobol wedi cym'yd nhw, a ma'r bobol rheini wedi marw erbyn hyn neu ma'n nhw'n ddifrifol wael.

Ond chi'mbod, ma 'na fanteision i fod yn fyr. Yn amal iawn fydda i'n hiraethu na faswn i'n fyr, hynny yw, fe allwch chi wario llai ar ddillad er enghraifft, allwch chi . . .

Na fedrwch siŵr, achos mae'n dibynnu . . .

. . . allwch chi brynu dillad plant?

Na fedra, dwi'n rhy dew! Ac wedyn dwi'n gor'od talu am neud y breichia a'r coesa yn fyrrach eto on'd ydw? Na, mi fydda i'n cymryd dillad plant weithia, ma' hynna yn wir.

Un anfantais mae'n siŵr ydi, fel actores o'ch chi'n cael cynnig yr un math o rannau ondife. Popeth yn sbort ac yn chwerthin ac yn gneud pob math o strancio a phethe?

Dwi yn meddwl bod 'na duedd fel'na yn yn cynhyrchwyr a'n cyfarwyddwyr ni beth bynnag. Unwaith ma'n nhw 'di'ch gweld chi mewn un ffordd, dim ots pa siâp 'dach chi, ma'n nhw'n gallu bod yn eitha unllygeidiog. Ma'n nhw jest yn gweld rhywun mewn un ffordd yn unig, a dyna'r unig gynnig o waith 'dach chi'n 'ga'l wedyn. Mae'n anodd i chi reoli y math o waith sy'n dod i'ch rhan chi felly. Dwi 'di gwrthod gwaith. Ddudai 'thach chi pa fath o waith dwi wastad wedi'i wrthod, a ma'r cynhyrchwyr wedi 'ngwthio fi i'r cyfeiriad yna drwy'r adag, ydi *stand-up comedian*. Dydw i ddim yn licio'i neud o, dwi'm yn mwynhau'r peth o gwbwl. Mae o'n fwrn ac yn stwmp arna'i, a dwi ddim yn mynd i adal iddyn nhw lywio 'ngyrfa fi i'r ffasiwn radda fel ma' dyna ydwi. Dwi hefyd yn cofio'r diweddar Gari Williams, ar y trywydd hwnnw a'th o a dwi'n gwbod bod Gari'n 'i fwynhau o, ond iechyd mae o'n straen bod yn gomic.

Mae hyn yn wir on'd yw e, yn hanes y comics mwya', ma'n nhw i gyd yn gymeriade cymhleth iawn.

Wel, meddyliwch 'bo' chi'n gorfod sefyll o flaen torf a

gneud iddyn nhw chwerthin bob *whip stitch* fel 'sach chi'n deud yn y De, bob munud, bob eiliad. Ma' rhaid chi ddeud jôc drw'r adag. Wel dydwi ddim yn cofio jôcs. Os ydwi'n llwyddo i neud i rywun chwerthin, wel iawn, ond dydwi ddim yn mynd ati'n fwriadol i neud hynny. Y gyfrinach ydi i chi neud pob dim, boed hynny'n actio, yn sgwennu, neu'n ymchwilio ac ati. Mae'n mynd i fod yn anodd i falansio popeth, ond rhoi tro ar bob dim. Y camgymeriad wnes i o'dd cymryd pob rhan actio o'dd yn dod i'm rhan i yn syth o'r coleg, heb ddewis a dethol rhannau actio'n gall. Wedyn landio'n gwneud dim byd ond petha gwirion, arwynebol!

Wi'n credu bod hynna'n digwydd i bron pawb ynde, ar y dechre mae'n siŵr.

Yndi, ond mi es i i rigol. Dwi'n cofio rhai cynhyrchwyr yn deud na fedran nhw'm dirnad 'y ngweld i'n gneud dim byd dwys o gwbwl. Wedyn os o'dd gynnyn nhw mo'r dychymyg i fedru 'ngweld i'n gneud dim byd dwys, doedd gen i'm gobaith felly.

Wrth gwrs ma'r gystadleuaeth yn frwd on'd ydi? Achos ma' 'na gymint o actorion on'd oes?

Oes, dwi'n meddwl 'bod hi'n waeth rŵan i bobol ifanc yn dod i mewn, ma' 'na gymaint ohonyn nhw! Achos wrth gwrs dydi rhywun fy oed i sy'n bedwar deg pump, tydw i ddim yn mynd i gystadlu yn erbyn rhywun ugian oed nacdw? 'Dach chi'n tueddu i gystadlu yn erbyn y bobol sy' run oed â chi . . .

O's 'na gythrel canu mewn bod ymhlith actorion?

Oes, 'swn i'n deud bod 'na ar adega. Ma' bobol yn trio pidio'i ddangos o ac yn gwenu'n glws ar 'i gilydd, ond os 'dach chi 'di mynd â rhan rhywun, a ma'n nhw 'di trio a phetha felly, wrth gwrs ma' pobol yn mynd i deimlo dydyn? 'Dach chi'n mynd i barchu hynny. Ond 'dach chi'n cael rhai sy' neud tricia gwael â chi hefyd . . . dwi'm yn mynd i smalio yn y Gymru fach bod petha fel'a ddim yn digwydd achos dyna natur y gwaith, ac os oes 'na bobol ifanc yn mynd i'r busnas, ma' raid nhw gymryd hynna i ystyriaeth. Ac os ydi rhywun yn dewis actio fel gyrfa, rhaid derbyn bod cael eich gwrthod dro ar ôl tro yn rhan annatod o'r gwaith.

Ych record gyntaf chi Mari?

O, 'dan ni 'di cyrradd fan'na'n barod? Reit, wel, am 'mod i 'di cael 'y ngeni yn Pistyll yn ymyl Nefyn, 'swn i'n licio *Sŵn ym Mhorthdinllaen* a Mynediad am Ddim yn 'i chanu hi.

*   *   *

Cael ych geni yn Pistyll meddech chi, Mari, ond ma' 'na gysylltiad cryf ag America on'd oes?

O'dd yn rhieni fi'n byw yn 'Merica ac oeddan nhw'n byw ac yn gweithio 'na am flynyddoedd cyn iddyn nhw ddod yn ôl i Gymru, a dim ond jyst cyrradd tir Cymru nath Mam pan ges i 'ngeni.

Felly yno y cawsoch chi'ch creu.

Ia, ia. A phan o'dd Mam yn mynd i'r *ante-natal classes* o'dd hi'n deud bod hi 'di gorfod byta *cottage cheese* a phinafal trwy'i beichiogrwydd ac o'dd hi'n rhyfeddu nad o'dd gin i ddim rhyw chwant am y fath fwydydd! Fedra i'm 'diodda nhw! Achos o'dd y doctor 'ma o'dd yn edrach ar ôl Mam yn 'Merica pan o'dd hi'n disgwyl fi, o'dd o'n deud na fydda fo ddim yn geni plant o'dd dros bedwar pwys. Ac o'dd o'n mynnu 'bod nhw i gyd yn fabis bach.

O'ch chi'n fach iawn on'd oech?

O'n, tua dau bwys. Ia, pwysi 'di babis 'dwch? Ma' siŵr 'bod nhw'n *kilometers* neu rwbath erbyn hyn!

Wel o'dd 'i siŵr o fod yn frwydr i'ch cadw chi'n fyw yr adeg honno Mari?

Nac oedd. O'n i'n iawn!

O'ch chi?

Na dwi'n meddwl bod fi 'di bod mewn rhyw *incubator*, ond dwi'm yn meddwl bod neb yn poeni achos 'nes i ennill pwysau yn ofnadwy o sydyn wedyn. Ond na, oeddan nhw'n fwriadol yn cadw pwysa'r babis 'ma i lawr. Ddim drwy ryw nam arna i o'n i'n fach felly.

Ryw chwilen ym mhenne pobol fel'na yn America.

Ia.

Beth o'dd ych tad yn neud yn America gyda llaw?

O'dd o [Yr Athro Gwilym O. Roberts] yn ddarlithydd mewn seicoleg mewn coleg, Coleg Lewis & Clark yn Portland, Oregon.

O'dd e 'di bod yn weinidog wrth gwrs on'd oedd?

Oedd. O'dd o 'di bod yn weinidog yn Stoke on Trent a Manceinion, ac o'dd o 'di bod yng Ngholeg Diwinyddol y Bala ac yn y Brifysgol yn Aberystwyth.

O'dd e'n bregethwr mawr?

Na dyn bach, bach o'dd o. Fath â fi!

Ond o'dd e'n bregethwr mawr, yn debyg i'w ferch?

Mi fydda llawer yn deud 'i fod o, ac mi fydda rhai erill yn deud bod o'n hollol wallgo. O'dd 'na ddwy agwedd . . . o'dd o'n cyfuno seicoleg a chrefydd. Dyna o'dd 'i bynciau fo – seicoleg a diwinyddiaeth ac athroniaeth, nath o raddio mewn Diwinyddiaeth ac Athroniaeth yn Aberystwyth. Do'dd 'na'm llawer o seicoleg amsar hynny ym Mhrydain, a be ddigwyddodd o'dd bod hi'n gyfnod y rhyfal ac mi o'dd o'n cael pobol o'i 'braidd' fel petai yn dod ato fo efo problema dwys a difrifol. Do'dd o ddim yn teimlo bod o'n ddigonol i ddweud 'thyn nhw, 'Gweddïwch, mi ddaw'r Ysbryd Glân i'ch helpu chi'. A do'dd o'm yn teimlo bod pobol yn gallu amgyffred hynny, o'dd o'n teimlo bo 'raid iddo fo drosglwyddo rwbath neu roi ryw help mwy concrit iddyn nhw. A'th o i Brifysgol Leeds a graddio wedyn mewn Seicoleg.

A dyna pam o'dd o'n gorfod mynd i America, achos fel o'ch chi'n deud, do'dd 'na ddim lot o waith ym Mhrydain i seicolegydd?

Nac oedd. Ond, wedyn, mi fydda fo wedi bod yn hapus iawn, iawn, iawn i aros yn yr Unol Daleithiau achos o'dd o yn 'i elfen yno. O'dd gynno fo glinig yno ac o'dd o 'di arbenigo mewn ffisioleg a phroblemau rhyw, a do'dd neb yn sôn am betha felly yng Nghymru o gwbwl!

O'dd 'na ddim clinig fel'ny gydag e ym Mhontllyfni o'dd e?

Wel, oedd, ond yn gyfrinachol.

Ie wir? Fydde pobol yn dod ato fe?

Dwi'n cofio pobol yn dod i tŷ ni trw drws cefn. Hynny 'di, antis ac yncls o'n i'n galw nhw, neu ffrindia 'Nhad . . . pobol 'dan ni'n nabod heddiw, ond 'swn i'm yn medru sôn am hynny 'deud y gwir. Dwi'm 'di sôn wrth un enaid byw am y peth. A wna i ddim chwaith!

O'dd e'n 'u hiacháu nhw?

Oedd, o'dd 'na bobol yn dod o Ysbyty Meddwl Dinbach achos o'ddan nhw'n cael triniaetha drwy gyffuria a letric sioc a phetha fel'na yn Ninbach a do'dd 'Nhad ddim yn credu yn y peth. O'dd o'n credu byddai modd drwy grefydd a thrwy *hypnosis* ac ymdawelu a chyfnod hir o *analysis*, y bydda fo'n gwella pobol. Ac mi o'dd o'n gwella pobol. Achos wrth gwrs, drwy 'i neud o'n feddygol ar y *National Health* do'dd 'na'm amsar beth bynnag, o'dd 'na gymint o gleifion yn yr ysbyty, o'dd rhaid i chi roi nhw ar *conveyor belt* a rhoi pils iddyn nhw wella'n sydyn. Mae'n cymryd oesoedd i wella'r meddwl. O'dd o'n gneud hynny, oedd, ond o'ddan ni'm yn sôn am y peth. Gweinidog o'dd o, ac mi o'dd o'n sgwennu i'r papurau newydd hefyd. Ar un cyfnod o'dd o'n sgwennu i'r *Cymro*, a chyfnod arall o'dd o'n sgwennu i'r *Herald.*

Dyn *absent minded* ofnadwy o'dd 'y 'Nhad. Dwi'n cofio mynd i swyddfa'r *Herald* yng Nghaernarfon a dwi'n siŵr nad o'n i'm ond rhyw dair oed, ac o'dd Dad wedi rhoi fi yn y car. O'dd o 'di dod â'i gar American drosodd hefo fo, wedyn mi o'dd hynna'n gneud i ni edrach yn od. O'ddan ni fath â plorod yn y car 'ma achos o'ddan ni mor fyr! Ac mi gath Dad 'i arestio sawl gwaith am 'bod nhw'n meddwl bod y car yn mynd â dim dreifar yn'o fo. Ia wir yr rŵan! Wel, y dwrnod yma pan o'n i'n dair oed dyma 'Nhad yn fy sodro fi'n ei gar mawr a dyma fo'n deud, 'Aros di yn fan'na,' medda fo wrtha fi. 'Aros di'n y car, fydda'i 'im chwinciad.' O'dd 'y 'Nhad am oriau'n dŵad, ac o'dd o 'di 'ngadael i yn y car – wedi anghofio amdana i. A do'dd 'na'm golwg ohono fo. Ac mi ddaeth yn y diwadd. Mi neidiodd i mewn i'r car, a golwg bell, bell ar 'i wynab o, dreifio rownd Caernarfon, dreifio rownd a rownd a rownd, a dyma fi'n gofyn iddo fo, 'Be sy'n digwydd?' a dyma fo'n deud, 'Dwi'n chwilio am 'y nghar.' Wir yr! O'dd 'i feddwl o'n bell, roedd o rêl ryw ysgolhaig â'i ben yn y cymyla, rêl ryw *absent minded professor.*

O'n i'n mynd i ofyn i chi, shwt o'dd hi i fod yn ferch i seicolegydd?

O, gwallgo! Ha, ha.

O'ch chi'n teimlo 'bod chi fel rhyw fath o fochyn gini iddo fe?

Dwi'n cofio fi'n cael fy hypnoteisio gynno fo. O'dd o'n ddyn drwg hefo fi a deud y gwir 'de. Nath o hypnoteisio fi a deud mai fi o'dd y *Pink Panther*! Ac o'dd y 'mreichiau fi a 'nghoesau fi fatha taswn i'n rybar yn gallu plygu bob siap bob sut. Anhygoel 'de. Ac wedyn ryw dro arall dyma fo'n fy 'mhlwgio fi i *stress detector*. Wedyn os 'dach chi'n llawn tyndra, ma' 'na sŵn ofnadwy yn cael 'i gynhyrchu gin y peiriant 'ma. A ma'r rhan fwya o bobol yn eitha *tense* pan 'dach chi'n cael ych weirio iddo fo, a dyma fo'n deud 'tha fi, 'W'ti'n gwbwl, gwbwl dynn a *tense*, ma' raid i chdi ffeindio ffordd o ymlacio'. Ac wedyn dwi'n cofio fi'n edrach ar fflama'r tân – o'dd 'na dân glo yn tŷ ni 'ramsar hynny. Dwi'n cofio edrach i mewn i'r grât a jest canolbwyntio ar y fflama ac mi nath y sŵn dawelu.

Y'ch chi yn ymlacio wrth wrando ar gerddoriaeth, Mari?

O ydw. Dydw i'm yn berson anhygoel o gerddorol, ond trwy 'mywyd dwi 'di cael ffrindia cerddorol, a dwi 'di gwrando ar 'u petha nhw ac wedi leicio rhai darnau drwyddyn nhw. Yn amal iawn os newch chi ofyn i mi, sut mae o'n mynd, fedra'i mo'i ganu fo a dydwi'm yn gwbod be 'di enw fo chwaith. Ond dwi'n gwbod be dwi'n leicio.

Beth yw enw'r ail record? Y'ch chi'n gwbod hynny?

Carmina Burana gan Carl Orff. Ma' hwn yn atgoffa fi o 'Nhad achos o'ddan ni'n byw ar lan y môr yn Bontllyfni a daeth 'na grêt o *aftershave Old Spice* i'r lan yn ganol y broc môr. Doedd neb isio'r *aftershave*, a dyna be oedd Dad yn 'ddefnyddio drw'r adag oedd yr *Old Spice* 'ma. Oedd gynno fo lond bocs ohono fo, felly ma'r gân yma'n 'de yn f'atgoffa fi'n union o Dad.

Y miwsig sy'n hysbysebu Old Spice felly Mari.

* * *

O'dd ar ych rhieni felly hiraeth am America?

'Nhad yn ofnadwy, dyna lle basa fo 'di licio bod dwi'n meddwl, a falla bod o'n eitha anodd iddyn nhw wedi dod yn ôl achos dwi ddim yn meddwl bod o wedi medru datblygu 'i yrfa . . .

Beth o'dd 'i waith e unweth bod e 'di dod 'nôl wedyn?

O'dd o'n gweithio i'r Brifysgol ym Mangor. Ac mi o'dd o'n gweithio yn yr Adran Efrydiau Allanol ac o'dd o hefyd yn gweithio ar bapurau newydd a phetha felly . . .

Fasech chi wedi hoffi mynd i fyw i America?

Na f'swn, dwi rhy fach! Ma' pob dim yn fawr yn 'Merica!

Ond o'dd 'da chi ddarlun arbennig am America, bod 'na bobol arbennig yn byw 'na, fel Indiaid Cochion a phethe fel 'na?

O'dd 'na lot fawr o Indiaid, disgynyddion yr Indiaid Cochion yn nosbarthiadau 'Nhad . . . Dwi'n cofio rhyfeddu ac o'n i'n meddwl mai dynion coch, coch sgarlad felly, o'ddan nhw. Ond o'dd yn rhieni fi'n deud bod 'u crwyn nhw fel fasa'n crwyn ni pan 'dan ni'n troi'n frown, ond bod 'na ryw wawr goch yn'o fo. Ac o'ddan nhw'n bobol urddasol iawn, iawn. O'dd 'na lot o Formoniaid yna hefyd, o'ddan nhw'n byw yn ymyl Salt Lake City. O'dd 'Nhad wedi rhyfeddu efo'r Mormoniaid yma, achos o'dd y plant yn cael 'u dysgu i arwain, i sefyll a deud 'u deud, a bod reit hyderus o'r crud. Felly o'ddan nhw'n cael 'u magu. A wyddoch chi be dwi'n meddwl bod o 'di trio neud i mi fod 'run peth! Ond nath o'm gweithio dwi'm yn meddwl.

Wel dwi'm yn gwybod. O'ch chi'n perfformio'n ifanc iawn on'd o'ch chi?

Do'dd o ddim isio imi fod yn berfformwraig, dim ond isio i mi ga'l hyder o'dd o, achos credwch fi neu beidio, o'n i'n ofnadwy o fewnblyg.

Ie, mae yn anodd credu 'ny nawr wrth gwrs.

Ma' raid tydi. Dwys o'n i 'te . . .

A ma' hynny'n dal i fod ynoch chi Mari ydi?

Yndi, yndi, dwi'n ofnadwy o ddwys 'swn i'n ddeud. Ond dwi'm yn 'i ddangos o, ac wedyn 'does 'na neb yn gweld hynna nac oes, 'mond fi fy hun adra.

A'r ferch llawn sbort a chwerthin ydi'r un sy'n amlwg wrth gwrs.

Ia dwi'n meddwl bod pobol yn disgwyl i mi fod fel'na drw'r adag, a dydwi ddim fel'na drw'r adag. Sgin i'm gwrthwynebiad i fod fel'a 'lly. Dwi jest yn meddwl bod fi 'di cael fy rhannu'n ddau.

Ond o'ch chi'n cystadlu mewn eisteddfode ac ati?

Doedd yn rhieni fi ddim yn bobol o'dd yn gwrando ar ganu. Do'ddan nhw ddim yn rhyw bobol lengar iawn. O'dd Mam yn nyrs, ac o'dd 'y 'Nhad yn seicolegydd, a fan'no o'ddan nhw. O'dd y 'Nhad ddim yn dod o'i fyd bron iawn, o'dd gynno fo stydi a fan'no o'dd o, y dyn â'i feddwl o'n bell i ffwrdd. Faswn i'n deud ar adega bod fi'n 'i gasáu o, o'dd o'n 'ngyrru fi yn dw-lal hollol. Achos o'dd o jyst yn un o'r ysgolheigion 'ma o'dd â'i feddwl ar un peth . . . Mi oedd rhai pobol yn meddwl bod o'n ffantastig o ddyn. Mi o'dd o'n ddyn da, dwi yn prysuro i ddeud mod i yn 'i edmygu fo'n ofnadwy fel dyn, ond fel tad . . .

. . . pawb i fynd i fewn i'w fyd e felly.

'Sa fo 'di licio i mi fynd. O'dd o'n sgwennu, dwi'n siŵr fod o 'di sgwennu rhyw bedwar neu bump o lyfrau, a dwi'n meddwl bod o isio i mi ddilyn lle nath o adal. A deud y gwir, mi gyfaddefodd o wrtha i 'i fod o'n siomedig nad es i ddim i fyd Seicoleg.

Felly beth o'dd 'i ymateb e pan sylweddolodd e bod ych bryd chi ar fynd i fyd y ddrama?

118

Pan es i i'r Brifysgol ym Mangor o'ddan ni'n dewis tri phwnc. Wnes i ddewis Cymraeg a Drama, ac wedyn be o'dd y trydydd pwnc am fod? Mi wnes i holi ynglŷn â Seicoleg, ond doeddan nhw'm yn gallu cyfuno'r tri phwnc, do'dd 'na'm modd i fynychu'r darlithoedd, o'ddan nhw'n mynd ar draws 'i gilydd.

Felly o'dd 'da chi ddiddordeb mewn seicoleg hefyd on'd oedd? Nid cael ych gwthio i fewn i'r peth o'ch chi?

Na, o'dd gin i ddiddordab yn y ffordd o'dd pobol yn meddwl.

A ma' 'da chi o hyd?

Wel dwi'n meddwl bod gin bob actor ac actores rywfaint o ddiddordeb achos ma'n rhaid i chi ga'l ymwybyddiaeth o bersonoliaethau i fedru actio o gwbwl . . . Ond dwi 'di gneud gymint o gomedi, a chryfder comedi ydi amseru. Ma'n rhaid i chi ga'l amseru da iawn a chlust a'r synnwyr cyffredin i wbod pryd mae pobol am chwerthin. Pa lein sy'n ddoniol a sut i'w deud hi.

Ydi seicoleg yn help i neud rhywbeth fel'ny?

Nacdi, dwi'm yn meddwl. Rhwbath naturiol ynach chi 'dio. Mae o fath â canu, fel cerddoriaeth, mae rythm yn bwysig. Wedyn dwi jyst yn teimlo bod 'na ochr i 'mhersonoliaeth i nad ydwi ddim wedi'i ddefnyddio eto. Dydw i 'im 'di cael y cyfle i'w ddefnyddio fo.

Ma' 'na ddigon o amsar ar ôl, mae'n beryg?

'Sna fydda'i 'di shrincio mwy! 'Dan ni'n shrincio 'dydan wrth fynd yn hŷn?

Ie, shrincio un ffordd.

Tyfu ffordd arall dwi'n de? Wedyn fydda i'n hollol grwn erbyn fydda i'n chwe deg!

Ych trydedd record chi.

Wel ma' hon yn atgoffa fi o Mam. O'dd hi'n ddynas tu hwnt o addfwyn, ac o'dd hi'n chwerthin lot ac o'dd hi'n werth y byd yn grwn. Ac o'dd hi'n dawal iawn, Mam. Eric Satie – *Gymnopedies* faswn i'n licio'i glwad.

* * *

Gawsoch chi'ch paratoi yn ddigonol ar gyfer gwaith yn y theatr, ar deledu, chi'n meddwl Mari?

Naddo, dim o gwbwl. Gradd 'nes i neud, wedyn cwrs academaidd oedd o. Wnes i adal yr ysgol yn ddwy ar bymthag a mynd i'r Brifysgol, achos o'n i 'di neidio blwyddyn ysgol yn rwla. Do'dd y colega hyfforddi na'r colega drama ddim yn derbyn pobol i mewn os nad o'ddan nhw'n ddeunaw. Ac mi o'n i yn y *National Youth Theatre* yn Llundain, o'n i 'di cael fy nerbyn yn aelod yn fan'na, felly o'n i yn fan'na bob ha' o pan o'n i'n bymthag oed nes o'n i tua ugian. A dwi'n cofio amsar hynny daeth canlyniadau'r Lefel A drwodd, a 'Nhad yn gofyn 'Wyt ti isio mynd i Brifysgol 'ta be?' O'n i'n wirioneddol isio gadal 'rysgol ar ôl Lefel O, i mi ga'l mynd i actio, achos o'n i'n gwbod mai dyna lle o'n i isio mynd. Do'n i'm yn gweld pa sens o'dd imi aros ym myd addysg o gwbwl.

Achos o'ch chi 'di cael y profiad yn Ysgol Dyffryn Nantlle o'ch chi? Fan'ny ddechreuodd pethe i chi?

Ia, pan o'n i'n rhyw ddeuddag oed, o'ddan ni'n lwcus ofnadwy, o'dd gynnan ni y diweddar Dr John Gwilym Jones. O'dd o'n paratoi dramâu inni, ac yn cyfieithu dramâu inni, ac o'n i 'di cael yn swyno gin y ddrama. O'n i'n gwbod pan o'n i tua deuddag oed mai dyna lle o'n i isio mynd. O'dd Miss Mat Pritchard yn gefnogol iawn i mi hefyd.

Ond unweth ichi ddechre ar y peth, aethoch chi i deledu yn fuan iawn on'do?

Do, do'dd 'na'm hyfforddiant teledu o gwbwl yn y Brifysgol adeg hynny. O'dd gin i'm syniad be o'n i fod 'i neud. Dwi'n cofio cael y sgript gynta', *Miri Mawr* 'nes i gyntaf, ac o'dd o'n deud yn y *margin*, '*OOV*', ac wedyn dyma fi'n deud yn leins wrth inni ga'l ymarfar ar y set, a dyma fi'n gweiddi dros y lle, 'O! O! Fi sy fod'. Ond be ma'n feddwl, fel 'dach chi'n gwbod wrth gwrs Beti, ydi '*out of vision*'. Ha, ha, ha. Na do'dd gin i ddim clem.

Ond gwnaethoch chi fwynhau'r profiad o weithio ar rywbeth fel Miri Mawr *wrth gwrs?*

O – O! Iesgob! Do!

Dewi Pws a John Pierce Jones a rheina.

O dwi 'di mwynhau'n ofnadwy. Dwi 'di mwynhau bob mymryn o be dwi 'di neud.

Achos o'dd e siŵr o fod gymint o rialtwch off y set â beth o'dd ar y set, fysen i'n meddwl?

O'ddan ni'n cael hwyl 'de. Ond mi nath Mr Dewi Morris roid blawd mewn rhyw dorth blastig a'i chwthu hi i fyny pan aethon ni am *take* – o'dd o'm 'di gneud hyn yn yr ymarferion 'de – ac mi ffrwydrodd y dorth, a'th y blawd i bob man, ac mi es i ysbyty efo asma! Bechod, o'dd o 'di ypsetio.

Wnaethoch chi fadde iddo fe?

O'n i'n wael iawn, iawn, ac o'dd pawb yn gweiddi, '*O she's going, she's going, we're loosing her*' 'te, a fedrwn i'm agor f'ysgyfaint o gwbwl na deud yr un gair, achos o'n i'n mygu gymint. O'n i'n *casualty*, ac o'n i'n aros ar y pryd yn rhyw dŷ lle o'dd 'na lot o actorion yn aros. O'dd Cefin Roberts yno a, chwarae teg, Cefin ddaeth hefo fi i'r ysbyty, yn cario fy *handbag* i, ac yn gweiddi 'O be nawn ni, O ma'r diwadd 'di dŵad' a phetha fel hyn. O'dd Cefin a Rhian, 'i wraig o, yn ffeind iawn iawn hefo fi pa o'n i yn 'sbyty – a llawar o actorion erill hefyd.

O'dd yr hen Dewi siŵr o fod yn diodde gyment â chi.

Dwi'm yn meddwl bod Dewi yn gwbod ar y pryd 'mod i 'di bod mor sâl. Mi oedd o wedi ypsetio'n ofnadwy pan glywodd o. Ond be wydda fo bod gin i asma! Wydda fo ddim siŵr, ac mi fyswn i 'di gneud union 'run peth. Dwi

wedi gneud cyn heddiw, achos efo comedi, comedi dda
felly, os 'dach chi hyd yn oed yn yr awr ola' cyn ichi fynd
ymlaen, os fedrwch ga'l rhyw syniad a 'dach chi'n gwbod
bod o'n ddoniol, a basa fo'n edrach yn dda, wel 'i neud o
'de . . .

*Ry'ch chi 'di bod yn briod ers blynyddoedd ag Emrys, a beth yw
gwaith Emrys?*

Mae Emrys yn gweithio yn y Brifysgol ym Mangor, y fo
'di'r Rheolwr Argraffu o fewn y Gwasanaethau
Gwybodaeth yn y Brifysgol.

Dim plant, Mari?

Nac oes. 'Dan ni'm isio nhw. Achos ddeudodd Emrys –
'Yli ŵan' – Cofi 'di Emrys ychi, yn dod o G'nafron – 'Hei
os ti'n priodi fi ia, 'dan ni'm yn cael sprogs'. O 'na fo, a
dyna fu, a 'dan ni'm 'di cael rhai. Ond â bod yn hollol
ddifrifol, ma' ginno fo glefyd siwgwr, a ma' gin i asma.
'Nes i golli fy nain oherwydd bod gynni hi asma, chi'n
gwbod be dwi'n feddwl, ma'n eitha difrifol 'lly. Dwi'n
gwbod bod o'n gallu cael 'i reoli a phob dim, ond dydw i
ddim isio rhoi unrhyw afiechyd i 'mhlant, felly dydw i'm
'di geni nhw o gwbwl. A dwi'm yn famol iawn chwaith.
Dwi wrth fy modd efo plant, dwi wrth fy modd yn gneud
rhaglenni plant, dwi wrth fy modd yn sgwennu i blant,
ond ches i rioed ryw ysfa famol fel ma' ribidires o
ferched, dwi'n dal i edrach yn od arnyn nhw, dwi'n
methu deall be 'di'r ysfa 'ma. Ma'n siŵr nad o's gin i mo'r
hormones neu rwbath, bod rwbath ar goll yna'i.

Y'ch chi'n hapus ych byd?

Hapus ofnadwy. Ond mi ydwi'n cael cysylltiad efo plant o hyd.

Chi 'di sgrifennu ar 'u cyfer nhw wrth gwrs on'd y'ch chi?

O dwi 'di sgwennu dipyn ar 'u cyfer nhw.

Chi'n sgrifennu tipyn y dyddie 'ma?

Yndw, ma' gin i ddwy nofel yn dod allan i blant, wel un nofel a un stori 'swn i'n 'ddeud.

Y'ch chi'n mwynhau sgrifennu felly mae'n rhaid?

Yndw, yn arbennig felly.

Hynny yw, nid jest er mwyn gneud bywoliaeth?

O na, dio'm yn talu nacdi? Hynny ydi – dydi sgwennu *llyfra* ddim yn talu! Rwbath fatha un y cant am bob copi 'dach chi'n werthu 'dach chi'n ga'l o arian, ma'n nhw werth rhyw ddwy bunt am lyfr, dydi un y cant ddim llawar o ddim byd nacdi? A dydi'r gwerthiant ddim yn uchel iawn yng Nghymru.

O's gyda chi freuddwyd bersonol y'ch chi am 'i gwireddu?

'Swn i'n licio actio mwy o betha strêt, fel bo fi'n gallu dangos bo fi'n gallu actio petha dwys.

Ar lwyfan y theatr neu ar deledu?

Yn rwla. Teledu'n fwy na dim dwi'n meddwl. Dwi'n eitha licio teledu . . . A faswn i hefyd – ac arna i ma'r bai nad ydw'i ddim 'di gneud hyn, am 'mod i'n rhy ddiog – faswn i'n licio ista lawr i ddylunio ac i greu llyfra i blant, sydd yn gyfres. Ma'n rhaid i mi ddisgyblu fy hun, mi faswn i yn licio gneud hynna. Dwi yn sgriptio cryn dipyn o raglenni sebon. Mi ddylwn i droi fy llaw at sgwennu ffilm neu ddwy o bosib! Dwi 'di sgwennu sawl sgript bantomeim a drama gymuned i Bara Caws. Ella gwna i fwy o hynny!

Wel Mari, dwi 'di mwynhau pob eiliad o'ch cwmni chi.

O diolch yn fawr iawn i chi. 'Dan ni 'di gorffan Beti, do?

Wel ydyn, y'n ni ar yn pedwaredd record nawr, yn record ola'.

O, dwi'm 'di hannar deud be o'n i isio'i ddeud.

Beth yw'ch record ola' chi nawr?

Wel, ylwch dwi'n berson gwlatgar iawn a deud y gwir. Dwi'm 'di cyrraedd fan'na eto naddo, mi ydwi'n eitha gwlatgar. A ma' Emrys 'y ngŵr i'n wlatgar iawn, a dyna pam dwi 'di dewis y record yma iddo fo. Ma' Emrys reit gerddorol, a mae o'n mwynhau gwrando ar y clasuron yn enwedig. A mae o wrth 'i fodd efo Sibelius, achos mae o'n honni bod Sibelius hefyd yn meddwl y byd o'i wlad, ac wedyn be o'n i isio mewn gwirionedd o'dd *Finlandia* Sibelius. Ond i glymu hynna'i gyd, faswn i'n cael Dafydd

Iwan yn canu *Dros Gymru'n gwlad* gin Lewis Valentine, y geiriau yna i alaw *Finlandia*.

'Nid dyma'r Gymru dwi wedi ymladd amdani'

Dennis Coslett

Cyn-aelod o Fyddin Rhyddid Cymru

Darlledwyd: 7 Chwefror, 2002

Cerddoriaeth:
1. *Mentra Gwen*: Euryl Coslett
2. *Wrth feddwl am fy Nghymru*: Dafydd Iwan,
3. *Y Gân Yfed* o La Traviata
4. *Dros Gymru'n gwlad*: Côr Meibion Llanelli

Beti George:

Fe ddaeth e i'r amlwg yn y chwedege, a'r llun sy'n aros yn y co' yw'r un ohono'n arwain gorymdaith yn 'i lifrai, patsyn ar 'i lygad a chi Alsatian wrth 'i ochor. Byddin Rhyddid Cymru, yr FWA yn arddangos 'i nerth. Ar ddydd yr Arwisgiad yn '69 fe gafodd 'i ddedfrydu i garchar am bymtheng mis. Mae'n disgrifio'i hunan fel 'dafad ddu'r teulu'. Teulu sy' wedi cynhyrchu cantorion a chwaraewyr rygbi o fri, ac mae'i frawd e'n Farnwr yn Seland Newydd.

Nawr ry'n ni ar drothwy dathliad mowr brenhinol unwaith eto, jiwbilî'r Frenhines, ac yn ôl pob sôn, 'does 'na'm cyment o ddiddordeb y tro yma. Y'ch chi'n teimlo'n falch o hynny, Dennis?

Dennis Coslett:

Ydw mewn ffordd. Dwi ddim yn dal casineb yn erbyn y Frenhines wrth gwrs, ond mae 'na rai atgofion yn mynd 'nôl i'r cyfnod yng Ngogledd yr Iwerddon, pan saethwyd y bobol ddiniwed, a beth dwi yn erbyn yw 'i bod hi wedi anrhydeddu y milwyr yma wnath saethu'r bobol ddiniwed ar y strydoedd. Heblaw hynny, mae'n rhaid inni anghofio camsyniade'r gorffennol a thrio ca'l tipyn bach o heddwch o hyn ymla'n.

Chi 'di meddalu rhywfaint wrth fynd yn hŷn 'te?

Wi ddim yn gwbod. Wi'n camu rhwng dau feddwl a ddylen ni fod wedi gwneud yr ymgyrch 'ma i drio rhyddhau Cymru oddi wrth lywodraeth estron, ond dyma ni 'di ca'l tamed bach o ryddid. Mae'n cymryd amser i ni ga'l llywodraeth lawn. Wi ddim yn gwbod pryd cawn ni hynny. A ydi'r bobol werth 'i ga'l e? A ydi'r Cymry yn haeddu hunanlywodraeth?

Wrth gwrs y'n ni hefyd yn dathlu pen-blwydd 'Tynged yr Iaith', sef darlith Saunders Lewis ontife. Ma' hwnnw'n bwysicach i ni'r Cymry siŵr o fod on'd yw e?

Odi, llawer, odi mae e.

Beth o'ch chi'n feddwl am Saunders Lewis?

O, arwr. Arwr o ddyn. Wedi ymdrechu dros y iaith, dyfodol y iaith. Wi'n gweld yr iaith yn marw ar wefusau'r Cymry. Ma'r iaith yn llawer mwy pwysig na hunanlywodraeth. 'Does dim angen hunanlywodraeth os ydi'r iaith yn marw. I beth y'n ni'n mo'yn e?

Chi 'di gweld hi'n marw yn ych ardal chi, yn Llangennech?

O, mae'n marw. Yn ddyddiol.

Yr enw 'Coslett' nawr, a chithe'n ymladd dros Gymru a'r iaith. Ac eto 'dyw'ch gwreiddie chi 'mhell 'nôl ddim yng Nghymru o gwbwl?

Na, na. Gwreiddiau Normanaidd. Ddaeth fy nghyndadau i o Westfalia yn yr Almaen . . . Fe ddethon nhw draw i Rydygwern i ddachre ac wedyn i Machen. Fe gychwynnon nhw fusnes man'ny, busnes morthwylfa, yn gneud offerynnau i'r llywodraeth, neud gwifrau a drylliau mowr i Elisabeth y Cyntaf. Cafodd George Coslett drwydded oddi wrth Elisabeth y Cyntaf i gloddio am fwyn.

A'ch tatcu chi wedyn, yn ble o'dd hwnnw'n byw?

O'dd Dadcu wedi dod o ddyffryn Dena.

Forest of Dean ife?

'Na fe, *Forest of Dean.*

Ma'ch Cymraeg chi mor dda on'd yw e? Ma' rhaid i fi wylio 'Nghymraeg fan hyn achos ry'ch chi'n anelu at berffeithrwydd.

Odw, dyna bwrpas bywyd yw cael perffeithrwydd . . . Fe dda'th Dadcu i Abertyleri ac fe gyfarfuodd â fy mamgu, Sian Lewis. O'dd hi'n gyfnither i Capten Potato Jones, hwnnw aeth i ymladd yn erbyn y Ffasgiaid yn Sbaen yn ystod y rhyfel cartre ym 1936.

Shwt ddethon nhw i Langennech yn y pen draw?

O'n nhw'n byw yn Casllwchwr i ddechre, ac wedyn symudon nhw o fan'ny i hen fwthyn bach to gwellt gerllaw neuadd yr eglwys yn Llangennech. A dyna lle magwyd wyth neu naw ohonyn nhw i gyd.

A'ch tad wedyn?

Fe gafodd e 'i feithrin yn Llangennech. Fuodd e'n gweithio mewn gwaith alcam ac yn ystod y rhyfel o'dd e yn Birmingham mewn ffatri i wneud pethe i'r rhyfel.

Shwt ddyn o'dd e?

O'dd e'n chwaraewr pêl hirgron penigamp, yn chware cefnwr i Lanelli. Ma'i lunie fe gyda fi. Archie Gerald Coslett o'dd 'i enw fe.

Ac wedyn, shwt dreuliodd e weddill 'i oes?

Fe roth mam ysgariad iddo fe, a dyna ddiwedd y teulu fel teulu . . . O'dd rhywun wedi clecan arno fe, wedi gweud bod e wedi bod yn chware o gwmpas gyda rhyw fenyw bengoch yn Birmingham. Anwiredd llwyr o'dd hynny. Ac fe ddaliodd e'r person yma yn yr *Engine Inn* ac fe roddodd goten uffernol iddo fe, o'dd y gwaed yn llifo hyd furiau gwyngalch y tŷ bach . . .

Ddethoch chi 'i nabod e wedyn tua diwedd 'i oes?

Do, do. O'dd e'n byw ym Mhontardulais, ac yn yfed llond bol o gwrw chwerw. Ac fe gafodd glefyd yr Alzheimer, a buodd farw yn mil naw naw deg yn Ysbyty'r Gwallgof yn Nghefn Coed yn Abertawe, yn anffodus. O'dd e'n wyth deg un mlwydd oed.

Wel nawr, ych brawd ontife, o'n i'n gweud yn y cyflwyniad 'i fod e'n farnwr yn Seland Newydd.

Odi, odi.

Beth o'dd e'n feddwl amdanoch chi pan o'ch chi'n aelod o'r FWA a beth o'dd y teulu'n feddwl ohonoch chi?

Wel, o'dd e'n y Llu Awyr ac o'dd e'n dweud y chwedl 'ma wrtho i. O'dd e wedi mynd o flaen y gorchmynnwr, i gael sgwd ymlaen, a dywedodd wrtho fe, 'O's 'im gobeth 'da chi,' oherwydd fy mod i wedi troseddu yn erbyn y Llywodraeth. Felly fe sefydlodd 'i hunan wedi'ny yn Seland Newydd, yn Auckland.

Chi 'di ca'l effeth fel'na ar y teulu felly?

O'n.

Beth o'n nhw'n feddwl ohonoch chi, o'n nhw'n grac 'bo' chi'n ymhel â'r fath beth?

O'n nhw'n gwbod yn iawn o'n i o ddifri', i drio ca'l hunanlywodreth i Gymru. A dyna sut o'dd pethe'n mynd mla'n, o'dd dim casineb yn yn erbyn i. O'dd Dadcu ar ochr yr Harries, o'dd e'n dwlu arna'i . . .

Ar ochor ych mam . . .

Ie ie, a Plaid Llafur rhonc o'dd hwnnw.

Ac wedyn wrth gwrs, ma'r teulu wedi cynhyrchu cantorion, hefyd, o fri.

Odyn. A terfysgwyr!

A barnwyr. Ac Euryl Coslett yn beth, yn gefnder ichi?

Mae e'n gefnder, odi.

Ac yn ganwr penigamp pan o'dd e wrthi on'd oedd?

O'dd gwych, o'dd.

Y'ch chi 'di dewis e'n canu **Mentra Gwen**

* * *

Chi'n canu 'te Dennis?

O'n i'n canu un tro, o'n.

A beth o'ch chi, tenor o'ch chi hefyd?

Ie. A'n frawd yn canu hefyd yn Seland Newydd. O'dd e'n chware'r piano wrth gwrs, cafodd wersi yn yr Hendy, ac mi gefais i wersi hefyd, ond caeais i glawr y piano ar ddwylo y person o'dd yn fy nysgu i, a rhedeg allan â'r hanner coron yr oedd Mamgu wedi'i rhoi i fi i dalu fe, i brynu sigaréts yn siop William Edwyn. Fe oedd ewythr Trystan Garrell Jones [y Cyn-Aelod Seneddol Ceidwadol].

O'ch chi'n nabod e 'te o'ch chi?

O'n i'n nabod Trystan. Y fe o'dd wedi dangos i fi sut i ddwyn afale o ardd Hopcyn, *Tafarn y Castell.*

Ai chi felly ydi unig rebel y teulu?

Ie, fi'n credu taw e. Sa i'n credu bod un arall i ga'l. Bywyd trafferthus.

Dim pan o'ch chi'n grwtyn bach?

O o'dd. Amser dês i allan o'r ysgol, o'n i ddim yn gwbod y gwahanieth rhwng gwanwyn a haf. Hen addysg wael ges i. Un wers Gymraeg y dydd. Ysgol eilradd o'dd 'i wrth gwrs. O'n i'n gadael ysgol yn bymtheg.

Ac yn mynd i neud be?

Cywiro wagenni yng Nglofa'r Morlais. Fues i ddim yn hir man'ny. Ges i lond bol o'r lle 'na. Etho i i witho wedi'ny ychydig o fisiodd i waith dur ym Mhontardulais a ges i lond bol o hwnna hefyd. O'n i'n berson anturus, mo'yn dod 'mlân, mo'yn mynd, teithio'r byd. Ac mi ymunes wedi 'ny â'r Morlu. Es i i goleg yn Sharpness a cha'l yn hyfforddi ar hen long hwylio o'r enw *Vindicatrix*. Ac o fan'ny y llong gynta' ges i o Avonmouth i India'r Gorllewin – Kingston, Port Antonio, Port Royal, Cuba, Trinidad, Barbados. Hen long ager fowr o'dd hi, o'dd 'i'n llong i bobol garw iawn . . . Bues i'n ymladd rhyw fachan yr un oedran â fi a roies i lygad du iddo fe. A fues i 'mlân i weld y capten ar y bont am droseddu fel hyn, a medde fe wrtho' i, Albanwr o'dd e, '*If I hear any more of this I'll throw ye oot of the Merchant Navy*'.

Ie. Landoch chi lan mewn carchar hefyd dofe?

O do, yn Kingston.

Beth ddigwyddodd fan'ny 'de?

Smyglo sigaréts i'r lan o'n i'n neud, a ges i'n ddal. Bues i mewn obytu awr a gadawon nhw fi'n rhydd wedi'ny. Tipyn bach o antur.

Shwt o'ch chi'n byw ar y llong 'ma, pa fath o fywyd o'dd e?

O'dd e'n fywyd digon cyffrous. O'dd y morwyr fel anifeilied. O'dd Gwyddelod 'da ni, a bobol o Lerpwl, o'dd rheina'n wallgof.

Beth o'ch chi'n cario wedyn?

O'n i'n cario ceir a theithwyr draw a dod 'nôl â bananas.

Ac wedyn ymuno â'r Fyddin?

Y Ffiwsilwyr Brenhinol Cymreig. Dyna gyfnod cyffrous o'dd hwnnw. Mi o'ddwn i'n siarad y Gymraeg yn y gwersyll ac fe dda'th y Corfforydd 'ma ymla'n a dweud wrtho i yn Saesneg, *'There is no Welsh to be spoken here. The only language here is English'*. O Blaenau Ffestiniog neu rwle o'dd e'n dod! A gwrthodes i. O'n i'n siarad Cymraeg â'r person yma, John Jones o'dd i enw fe, o Fochdre. Fe gaeodd e 'i geg, ond cadwes i mlaen. A ddwedodd e wrtho i am godi 'ngwely lan a'r blancedi a mynd lawr â fi i'r carchar. A fues i o fla'n y dyn mowr, a dywedodd hwnnw *'The only language spoken here is English. Twenty one days. Take him away'*. A ges i 'ngharcharu.

Ges i 'ngharcharu wedi'ny yn yr Almaen. O'n i'n canu yn y Gymraeg ac yn sgwrso yn y Gymraeg, ac fe wedodd y dyn 'ma bod e wedi cael cwyn oddi wrth rywun ac fe withiodd e fi a rhoies i ergyd iddo fe ar 'i ên. A'th e lawr, ac o'dd 'na ymladd mowr, a ges i rhyw fis o garchar man'ny wedi'ny. A dyna'n gwaith ni, o'dd rhyw chwech o' ni mas yn casglu'r dail a dodi nhw mewn sach. Wel o'dd y dail yn syrthio o hyd, o'n i'n gofyn, i beth dwi'n gneud hyn? A galwes i'r Corfforydd 'ma draw, a 'godes i'r sach wyneb i waered ac arllwys y cwbwl i gyd i'r gwynt a'r glaw, a'r cwbwl i gyd yn chwythu o gwmpas. O wel fe dda'th y gwarchodwyr mas wedi'ny, ac o'dd lle ar uffer yn fan'ny, wath o'dd tipyn bach o ofon arnyn nhw oherwydd o'n i'n paffio i'r gatrawd hefyd.

O'ch chi?

O'n o'n. O'n i 'di ennill tri gornest iddyn nhw. O'n i'n bygwth nhw'n awr. O'dd rhyw dri neu bedwar o'nyn nhw. 'Dewch ymla'n 'de!' O'n i'n barod amdanyn nhw. Ac ethon nhw mewn â fi wedyn i'r gell. Wel o'dd 'i'n dwymach yn y gell na mas on'd o'dd hi?.

'Kick out' gethoch chi ondife?

Yn y diwedd, ie.

Wedyn dod 'nôl i Langennech, ca'l gwaith yn y pwll glo, a rhedeg bant i briodi.

Rhedeg bant i Gaeredin, ie.

Pam o'ch chi'n rhedeg bant i briodi 'te?

Oherwydd, o'dd rhaid i fy ngwraig fod yn un ar hugain cyn bod ni'n ca'l caniatâd i briodi pryd hynny.

Beth o'dd 'i hoedran hi?

O'dd hi'n un ar bymtheg a hanner. O'dd 'i thad hi'n grac

ofnadw, o'dd e' ddim yn bo'lon bo' ni'n priodi.

Avril felly yn ych priodi chi, ac wedi bod yn gefnogol i chi ar hyd yr amser?

Odi, odi mae wedi bod yn gefnogol.

Mae'i 'di bod yn dipyn o angel 'de?

Odi, odi. Ni 'di bod yn briod tri deg naw o flynyddodd nawr. Amser hir.

Ie. A'ch record nesa' chi. Chi 'di dewis Dafydd Iwan Wrth feddwl am fy Nghymru.

* * *

'Dyw'r werin ddim digon o ddynion bois, i fynnu 'i rhyddid hi.' Fel'na y'ch chi'n teimlo Dennis?

Wel, o'dd Dai Bonner Thomas, o'dd e'n gyfeillgar iawn gyda fi ac yn wladgarwr penigamp, anghofia i fyth beth o'dd Dai Bonner yn dweud. 'Ti'n gwbod beth yw'r Cymry?' medde fe, 'Dim ond i fi ddweud 'tho ti – cenedl o gachgwn,' medde fe. 'Dyna beth yw'r Cymry. Wedi bradychu sancteiddrwydd eu hetifeddiaeth. Brad llwyr.'

O'ch chi i gyd yn teimlo fel hyn?

Wel, i bobol Cymru o'n ni'n eithafwyr. Dwi'm yn credu bod nhw'n edrych arnon ni fel eithafwyr nawr wrth gwrs.

Y chwedege, o'dd hi'n adeg gyffrous on'd oedd?

O'dd, o'dd.

O'dd 'na ddigon o bethe'n digwydd on'd oedd. Tryweryn ynte . . .

Ar ôl Tryweryn, yn anffodus, y des i i'r llwyfan cenedlaethol.

Shwt ddigwyddodd hynny?

Dai Bonner Thomas o'dd wedi'n gyflwyno i i Cayo [Julian Cayo Evans, 'Commandant' yr FWA], ac wrth gwrs ges i'n feithrin yn yr un pentre ag Eileen Beasley, o'n nhw wedi troi'r teulu allan o'u cartre, oherwydd o'dd hi wedi gwrthod talu trethi i'r cyngor llwfr o'dd yn Llanelli yn y cyfnod hwnnw. [Roedd y Beasleys wedi gwneud safiad dros fil treth yn Gymraeg]

Ac fe ddechreuoch chi ymgyrchu wedyn?

O'n i'n grac ofnadw yn erbyn y llywodreth, o'n.

Ac yn ych meddwl chi ar y pryd hynny wedyn, beth o'dd y nod?

Y nod o'dd i redeg ein busnes yn hunan yng Nghymru, i ni ga'l llywodreth 'ma. Fel bod urddas yn perthyn iddo ni, ac i gadw'n hiaith a'n traddodiade a'n diwylliant, ac o'n ni wedi tyngu llw hefyd. O'n ni'n addunedu i gysegru'n bywyd i'r ymdrech o ryddhau ein gwlad oddi wrth lywodreth estron ac i barchu Byddin Rhyddid

Cymru, parchu hawliau, ein baner, a'r bobol a'n diwylliant, ac os fydden ni'n bradychu'r gred hon fydden ni'n haeddu marwolaeth fel bradwr, a boed i ddirmyg dragwyddol fod arnom.

O'dd 'na gefnogeth i chi nawr yn ych ardal chi yn Llangennech?

O, o'dd cefnogeth wych amser o'dd Cayo yn mynd o gwmpas y tafarne yn chware'r *accordion*. O'dd e'n denu'r Cymry di-Gymraeg mewn i'r mudiad. O'dd y Cymry Cymraeg, wrth gwrs, o'dd rheiny'n Gymdeithas yr Iaith neu Blaid Cymru, yn hollol wahanol. Ond finne, o'n i ddim yn medru ymffrostio fy mod i wedi ca'l unrhyw fath o goleg.

Ac wedyn o'ch chi'n teimlo tu fas i bethe fel Cymdeithas yr Iaith a Phlaid Cymru?

O'n i'n mynd i orymdeithiau Cymdeithas yr Iaith, ond wrth gwrs o'n i'n ca'l fy ngweld fel eithafwr o'dd yn fodlon defnyddio grym corfforol i hyrwyddo gwrthrych gwleidyddol.

Hynny yw, o'ch chi'n fodlon colli gwa'd er mwyn . . .

Oe'n, pryd hynny.

O'dd Cayo hefyd?

Oedd. Er iddo fe fwynhau bywyd yn fwy na fi!

Mwynhau bywyd ym mha ffordd nawr 'te?

Wel Beti, o'dd y menywod, o'n nhw'n toddi yn 'i freichie fe.

O'dd e'n ddyn golygus on'd oedd?

O'dd e'n ddyn carismatig iawn . . . o'dd y menywod yn 'i garu fe. O'dd ffordd gyda fe tuag atyn' nhw. Hollol wahanol i fi wrth gwrs, achos o'n i'n briod.

Fe ddethoch chi i sylw'r byd yn yr FWA mewn gwirionedd yndofe?

Do, do. O'dd y bobol bach byr 'ma yn Affrica, y pygmies, gethon ni lythyr odd'wrth y rheina hefyd.

Ond pan o'dd pobol yn dod i dynnu'ch llunie chi nawr yn ymarfer, pa fath o ymarfer o'dd e gwedwch?

Wel twyllo nhw o'n ni'n gneud. O'n i'm yn bwriadu saethu neb na thywallt gwaed, ond cyhoeddusrwydd Byddin Rhyddid Cymru o'dd e ondife? Chi'mbod, o'dd e'n well na thywallt gwaed, 'bod ni'n defnyddio'r cyhoeddusrwydd o'r math o'n ni'n gneud.

O'ch chi'n ca'l sbort mewn gwirionedd?

O'n i yn ca'l tipyn o sbort a sbri. O'n.

A beth o'dd y cŵn 'ma wedyn, o'ch chi'n hyfforddi?

O ie, o'n i 'di hyfforddi ci o'r enw Gelert, ma' ffordd 'da fi o hyfforddi cŵn. O'n i wedi hyfforddi'r ci i gludo hernes ar 'i gefen gyda ffrwydron, a chyda gorchymyn fyddai'r ci yn mynd i ymosod ar ryw danc neu ryw beth fyddai'n symud. Wel diawl o'dd yr heddlu cudd yn chwilio yn bobman yn y mynyddoedd am y cŵn yma o'dd yn cario bomie.

O'n nhw'n credu'r peth?

O'n nhw yn.

A beth am y digwyddiad yna wedyn pan a'th un o'ch cŵn chi – ai Gelert o'dd hwnnw – a'th i 'ôl y grenade?

Nage, ast Cayo o'dd honna, Gelert o'dd 'i thad hi. A taflodd rhywun grenâd ac fe dda'th hi'n ôl â'r ffrwydron.

Fel 'sen nhw'n beli?

Ie.

Yr arfe 'ma o'ch chi'n gario, o'ch chi'n edrych yn beryglus. Ond pa fath o arfe o'dd rhein wedyn?

Pob math o arfe. O'dd rhai o'n nhw'n ddigon da i'r amgueddfa, ond ffrynt oe'n ni i MAC, Mudiad Amddiffyn Cymru . . . O'dd celloedd 'da nhw dros Gymru gyfan. O'dd un cell ddim yn gwybod beth oedd y gell arall yn 'wneud. Ond dyna sut oe'n ni'n gweithio. O'dd ddim amcan gan yr awdurdode. Ar yn hôl ni oe'n nhw. O'n nhw'm yn gallu darganfod pwy oedd yn chwythu hwn lan na hwnna. Yn seicolegol o'n ni 'di 'u maeddu nhw.

Achos MAC o'dd yn gweithredu?

Wel, bydd raid ichi ddarllen yn hunangofiant i.

Ma'r gwir i gyd yn hwnna.

Ma'r gwir i gyd, mor ore â fedra'i.

Ond, ca'l ych dal nethoch chi yn diwedd.

Ca'l yn dal o'r diwedd. Ie, ac oeri fy sodlau yng ngharchar Abertawe ac yng Nghaerdydd hefyd.

Ie. Yr achos hwnnw wedyn a barodd am . . .

. . . bum deg tri o ddiwrnode, a gawson ni amser caled iawn. Ges i amser caled iawn, o'n nhw wedi gwenwyno fi ac o'n i'n ca'l dolur rhydd . . . darnau melyn ar y lifrai carchar, a dau o weision y carchar yn mynd â fi o gwmpas. Saeson o'n nhw, ac o'dd y Saeson yn weddol. Y Cymry o'dd yn trin ni waetha. O'n nhw'm yn ca'l siarad gyda fi. Ac o'dd y Gymraeg ddim i fod i ga'l 'i siarad amser o'n i'n ca'l ymweliad. A wi'n cofio un tro, fe aethon nhw'n ôl â fi i'r gell am bo' fi'n siarad yr iaith yn y carchar.

Ych record nesa', i Cayo ma' hon 'te Dennis, y Gân Yfed o'r opera 'La Traviata'. O'dd e'n arfer 'whare hon o'dd e?

O'dd, o'dd, yn y tafarne!

O'dd e'n dipyn o chwaraewr ar yr accordion *on'd oedd?*

O'dd, o'dd. Wi'n cofio ni allan yn yr Iwerddon, yn y *Gaeltacht* o'n ni. O'n ni 'di mynd mewn i'r hen dafarn fach hyn, o'n ni'n go'ffod plygu lawr i fynd mewn 'na. O'n ni 'di gweld isie Cayo. O'dd e 'di dechre chware'r *accordion* man'ny, ac fe gafodd seibiant, a welon ni ddim Cayo wedi'ny. O'dd e wedi mynd mas i rywle, a 'na le o'dd Cayo â chap ar y llawr yn chware ar sgwâr y pentre a phobol yn taflu ceinioge miwn i'r cap. O'dd e'n gymeriad.

* * *

O'ch chi'n sôn am Cayo fel cymeriad. Ma' 'na straeon anhygoel amdanoch chi, – un ohonyn nhw dwi'n cofio rywbeth ynglŷn ag isie cwrdd â Harold Wilson, y Prif Weinidog.

O ie. O'dd rhyw derfysg ar Fôr y Canoldir, rhyw ynys fach wedi codi yn erbyn y Saeson, ac fe a'th Harold Wilson allan yno i drio tawelu pethe. A beth o'dd enw'r llong o'dd *HMS Tiger*, ac o'dd rhaid i fi sgrifennu llythyr iddo fe i ofyn iddo fe ddod i Gymru i drio trefnu heddwch lawr ar yr afon Tywi. Fe mewn un corwg a finne yn y corwg arall i drefnu heddwch.

Gethoch chi ateb?

Naddo, ges i ddim ateb. Na.

Fe gethoch chi gwrdd ag un o'r Churchills hefyd yndofe?

Do. Gawson ni wahoddiad i fynd i weld David Frost – Dai Frost o'dden ni'n 'i alw fe – a pwy o'n ni wedi cyfarfod man'ny yn y lolfa oedd Randolph [Churchill, AS Ceidwadol, mab Syr Winston], a bues i a Cayo yn yfed brandi gyda fe wrth y bar. Do.

O'dd e'n gwbod pwy o'ch chi?

Wel o'dd e'n beth newydd iddo fe yn 'do'dd e?

Ar ôl dod mas o'r carchar wedyn 'te fe benderfynoch chi 'Dyna'r diwedd' . . .

Wel o'dd rhaid inni, o'dd amgylchiade yn perthyn i'r teuluoedd. O'dd ysgariad fan 'yn ac ysgariad fan 'na. Wi'n credu taw dim ond y fi o'dd ar ôl mewn bywyd priodasol. O'dd e wedi effeithio ar y teuluoedd.

Ac wedyn, pan o'dd pobol fel Meibion Glyndŵr wrthi'n llosgi tai haf, o'dd 'na unrhyw awydd arnoch chi wedyn i ymuno â nhw?

Wel, o'n nhw'n fy ngwarchod i y cyfnod hwnnw.

Beth, yr heddlu nawr?

Ie, O'n nhw'n mo'yn gwbod popeth. A ma'n nhw'n fy ngwarchod i hyd nawr. Ma'r gwybodaethwyr o gwmpas. Ma'n nhw'n mo'yn gwbod be sy' yn y blwch teganau o hyd!

A beth sy' na 'ta Dennis? Be sy' lan fan 'yn yn y pen?

O, yn bennaf, gwrthryfel.

Yn dal i fod?

Ambell waith . . . Hoffen i 'sen i'n ifanc unwaith eto.

Beth 'sech chi'n neud nawr?

Bydden ni wedi newid y ffurf o weithredu.

Ffordd fyddech chi 'di mynd ati 'te?

Wi ddim yn gwbod. O'n i'm yn mo'yn mynd 'run peth â'r Gwyddelod. Ry'n ni'n wahanol bobol i'r Gwyddelod, yn fwy heddychol. Gwlad y menyg gwynion. Ond o'n i'n filwriaethus iawn.

Wrth gwrs pan ddethoch chi mas o garchar, o'ch chi ddim yn ca'l ych trin fel arwyr o gwbwl nag o'ch chi.

Na. Na. O'n nhw'n troi cefne ata i, rhai o nhw. O'n i wedi colli'r frwydyr. A rhywun sy'n colli brwydyr ma'n nhw'n troi cefn. Unrhyw frwydyr.

Ma' dyn wedi'ch clywed chi'n sôn hefyd yn gwbwl agored, bo' chi'n cymryd cannabis?

Odw, odw.

At beth ma' hwn 'te?

Wel, bues i'n gw'itho tan ddaear a beth dwi 'di ga'l o

w'itho o dan ddaear yw *tinnitus.*

O! Y peth 'na yn y glust.

Ie, sŵn sy wedi achosi fe wrth gwrs, a mae e yn y ddwy glust 'da fi. A'r unig beth sy'n rhoi tamed bach o seibiant i fi yw cannabis, yw'r cywarch.

A mae'n cael 'i wahardd nawr wrth gwrs.

Ma' isie'i gyfreithloni fe.

Odi e'n hawdd 'i ga'l felly?

Allwch chi brynu e ar y farchnad ddu ch'wel'. Ond dyfais i e yn yr ardd ac fe roddodd person wybodeth yn yn erbyn i, a dda'th un o'r heddlu cyffuriau 'na. 'Ma' cyffurie 'da chi yma,' medde fe. Wel o'dd rhaid i fi adel e mewn. O'dd rhyw ddeunaw o blanhigion 'da fi. Ges i ddirwy o hanner canpunt.

Y drychineb fwya' mae'n debyg o'dd colli Brychan [ei fab] ondife?

O ie. Ie. O'dd e'n dair ar hugain mlwydd oed.

Bum mlynedd yn ôl golloch chi e.

Ie. O'dd hwnna wedi dodi blynydde arno i.

O'dd e'n diodde o iselder.

O'dd amgylchiade . . . hoffen i ddim sôn amdanyn nhw.

Na. Ydi amser yn lleddfu rhywfaint o'r boen?

Cysgod yw amser sydd yn symud yn araf i dragwyddoldeb. Sdim gwella i alaru a phrofedigaeth. Sdim gwella i hwnna o gwbwl. Mae'n dibynnu'n llwyr be chi'n neud â'ch amser. Os ydych chi'n mynd i feddwl am y peth trw'r amser, marwolaeth, angau . . . a marwolaeth y mab arall, yr hena.

Y'ch chi 'di colli dau fab felly.

Odw.

Y mab arall, beth o'dd 'i oedran e'n marw?

O'dd e'n dri deg wyth. Fe benderfynodd i roi diwedd idd 'i fywyd yr un mish ag o'dd Brychan wedi dewis yr hunanladdiaeth 'ma.

Dau fab wedi mynd.

Ie.

Ond, dal ati.

Dal ati, ie. I beth? I bwy? Am ba reswm? Odyn ni'n mynd i ga'l Cymry rydd? Odi'r iaith yn mynd i fyw? Beth y'n ni'n mynd i neud? A oes dyfodol i Gymru?

Beth yw'ch barn onest chi? O's 'na ddyfodol?

Mae'n edrych yn ddigon tywyll. Dydw i ddim yn gweld rhyw ole yn y twnel. Nadw. Ma' ieuenctid wedi mynd i uffern. Cerwch chi lawr i Lanelli, fyddwch chi'n gweld y gwaed yn llifo'r strydoedd a'r holl feddwdod a'r trais ar y strydoedd. Hen bobol ddim yn gallu mynd allan o'u cartrefi. Nid dyna'r Gymru dwi wedi ymladd amdani. Na.

Falle ddaw hi ryw ddydd.

Ryw ddydd. Falle.

Dros Gymru'n gwlad *ynte.*

Ie, *Dros Gymru'n gwlad.*

Y'ch chi'n hoff iawn o Finlandia.

Odw, odw. A geirie Lewis Valentine, ie. Anthem genedlaethol yw hi yn ymladd am ryddid a iawnderau, cyfiawnder.

'Mathemateg, Marines a Maggie'

Rod Richards

Gwleidydd

Rhaglen 1
Darlledwyd: 11 Tachwedd, 1993

Cerddoriaeth:
1. *Blow the wind southerly*: Kathleen Ferrier
2. *Trumpet Voluntary*: Morris André (trwmped)
3. *Rest weary heart*: Côr Meibion Rhosllannerchrugog
4. *Elen Fwyn*: David Lloyd
5. *Limelight*: Charlie Chaplin

Beti George:

Aelod Seneddol Gogledd-Orllewin Clwyd yw'r cwmni yr wythnos hon. Tori a gafodd ei eni a'i fagu mewn tre na alle fod yn fwy Llafur o ran ei gwleidyddiaeth, sef Llanelli. Yn fab i weithiwr copor oedd â'r capel a'r Pethe yn agos iawn at 'i galon, cafodd ei addysg yn Ysgol Gymraeg Dewi Sant Llanelli a Choleg Llanymddyfri, ac fe gafodd radd dosbarth cyntaf mewn Economeg yng Ngholeg y Brifysgol Abertawe. Bu'n filwr yn y Marines *ac wedyn yn aelod o staff* Intelligence *y Weinyddiaeth Amddiffyn. Bu'n ymchwilydd ar raglen* Heddiw'r BBC, *ac yn gyflwynydd newyddion hefyd.*

Y'ch chi'n gweithio nawr fel Ysgrifennydd Preifat i David Heathcote Amery sydd yn y Swyddfa Dramor. Beth felly yw'ch gwaith chi Rod?

Rod Richards:

Rhyw ddolen gyswllt rhwng y Gweinidog a'r Adran a'r Senedd. Er enghraifft, mae e i ffwrdd nawr yn Ne America, yn y Falklands ac yn y blaen. Pe bai'r Senedd yn eistedd, fi fydde 'i lyged e a'i glustie fe yn Nhŷ'r Cyffredin, fel bod ganddo fe ryw syniad o'r hyn sy'n digwydd tu ôl idd 'i gefen e fel petai. Ond, yn trefnu pethe fel bod pethe'n mynd yn hwylus iddo fe pan mae e 'i hunan ar lawr y Tŷ ac yn gwybod beth yn union sy'n mynd ymla'n yn Nhŷ'r Cyffredin pan nad yw e yno.

Ma' 'na fwy a mwy o gwyno'r dyddie hyn am amode gwaith Aelod Seneddol, a'ch bo' chi'n gorfod gweithio'n galed ondife, a sut mae disgwl i chi rannu'ch amser rhwng y gwaith a'r teulu. Ydi e'n anodd Rod?

Ydi mae e'n anodd, ond ar ôl dweud hynny dwi'm yn gweld bod 'na le i unrhyw Aelod Seneddol gwyno achos o'dd bob un ohonon ni'n gwybod yn union beth o'dd yn mynd i ddigwydd cyn 'bod ni'n dod i'r lle. Felly, dwi'm yn credu bod e'n deg i achwyn fel y cyfryw.

Ond shwt y'ch chi'n dod i ben felly â threfnu'ch bywyd?

Mae e yn anodd, yn anodd dros ben i bron bob un o'r Aelodau Seneddol yr wy'n 'u nabod nhw. Ond beth y'n ni wedi penderfynu gwneud yn ein teulu ni yw cadw'r teulu gyda'i gilydd yn Llunden yn ystod yr wythnos, ac wedyn mynd â'r holl deulu lan i'n cartre ni yn Llandrillo-yn-Rhos yng Nghlwyd, dros y penwythnos. Nawr mor belled, mae e wedi gweithio yn dda . . .

Yn Surrey y'ch chi'n byw, ymhlith y crachach?

Ydw, ydw, *'gin soaked'* fel ma' Dafydd Wigley yn 'u galw nhw. Dy'n nhw ddim yn *'gin soaked'* wrth gwrs. Ma'r mwyafrif o bobol wi'n nabod sy'n byw o'n cwmpas ni yn Richmond yn gweithio'n galed dros ben.

Chi'n mwynhau byw yn 'u plith nhw?

O ydw, ydw . . .

Dy'ch chi'm yn teimlo'n wahanol o gwbwl, fel Cymro yng nghanol rhain?

Na, y pwynt yw mae'r lle yn *cosmopolitan* tu hwnt. Ma' ffrindie gyda 'mhlant i yn yr ysgol sy'n dod o Canada, yn dod o Pacistan, yn dod o dros y byd i gyd. Dyna'r math o le yw e, ac felly 'dyw'r argraff taw dim ond Saeson posh sy'n byw yn llefydd fel Surrey ddim yn gywir o gwbwl.

Ydi cerddoriaeth yn bwysig i chi Rod, fyddwch chi'n gwrando ar gerddoriaeth?

Wi'n hala shwd gymaint o amser yn y car, yn teithio 'nôl a mlaen i'r Gogledd, mae'n cymryd tua phedair awr naill ffordd a phedair awr y llall. Fydda i'n gwrando ar fiwsig 'rhan fwya o'r amser, ac wrth gwrs gwrando ar y bwletinau newyddion. Fydda i'n gwrando ar *Radio Wales*, *Radio 2*, *Radio Cymru* pan mae'n bosib – yn anffodus 'dyw derbyniad *Radio Cymru* ddim cystal â'r lleill – ond mi fydda i'n gwrando ar *Classic FM*. Fydda i'n gwrando ar bob math o fiwsig drwy'r dydd ac yn ystod y nos felly. Odi mae e'n rhan bwysig, fel mae wedi bod erioed, ac wrth gwrs mae 'na wahanol fiwsig yn dod â chofion arbennig.

Beth yw'ch record gynta' chi?

Kathleen Ferrier yn canu *Blow the wind southerly*. Y rheswm 'mod i wedi dewis Kathleen Ferrier – dau reswm mewn ffordd. Yn gyntaf ro'dd hi'n ffefryn fawr yn tŷ ni gartre. Ac efalle taw un o'r rhesyme o'dd hi'n ffefryn fawr gartref o'dd bod Mam yn canu. Contralto o'dd yn fam, ac wi'n credu 'bydde Mam wedi hoffi bod fel Kathleen Ferrier, a bob tro fyddai'n clywed Kathleen Ferrier, y llais ardderchog, godidog yma ar y radio, fydda i'n meddwl am yn fam yn canu yn y capel yn Bethel yn Llanelli, ddim cystel wrth gwrs, ond efallai pe bai hi wedi cael y cyfle, wel pwy a ŵyr.

* * *

Nyrs o'dd ych mam cyn iddi briodi, a'ch tad yn gweithio yn y gwaith copor. A dyna chi yn Dori aden dde. Dy'ch chi ddim yn gweld dim byd yn anghyson yn hynny?

Na, dwi'm yn gweld dim byd yn anghyson, ond sa i'n siŵr 'bo' chi yn llygad ych lle yn dweud bo fi'n aden dde, falle allwch chi egluro wrtha i pam y'ch chi 'di dod i'r casgliad yna. Ond na, y'ch chi'n gweld, wi'n gweld bod gwerthoedd – math o le lle ges i a ffordd ges i 'y magu – bod y gwerthoedd hynny yn gwbwl gwmws â gwerthoedd y Blaid Geidwadol. Hynny yw, bod pobol yn ymdrechu drostyn nhw'u hunen, yn helpu yn gynta' bobol sydd ddim mor gryf, ddim cystal, helpu nhw fel unigolion yn gynta' yn hytrach na phwyso ar y Wladwriaeth Les ac yn y blaen. Ac wi'n gweld y gwerthoedd hynny yn gwbwl gwmws â'r blaid Geidwadol.

O'dd ddim o'ch tad yn Dori?

Sa i'n credu, na. Nac oedd. Sa i'n credu bod 'y nhad yn Dori o gwbwl. Ond sa i'n credu y byse fe, ar ôl gweld y ffordd ma'r blaid Lafur wedi datblygu, y byse fe'n cefnogi'r blaid Lafur ychwaith. Wi'n credu o'dd e mwy na thebyg yn cefnogi'r blaid Lafur ond dim ond o achos y ffordd gafodd e 'i ddylanwadu ar ddechre'r ganrif efalle gan y blaid Lafur, o'dd hynny'n wir. Ond wi'n credu, wi'n eitha siŵr, taw Tori o'dd Mam.

153

Be, o'dd hi'm yn pleidleisio i Dori?

Wi'n siŵr bydde'i. O bydde, bydde. O'n i byth yn trafod gwleidyddiaeth yn ein tŷ ni, ond rwy'n reit siŵr taw cefnogi'r blaid Geidwadol o'dd Mam . . . a hefyd yn gefnogwr pybyr o'r teulu Brenhinol. Fel, wrth gwrs, ma' mwyafrif llethol dosbarth gweithiol y Cymry.

Un arall o Lanelli ydi Michael Howard, fynte medden nhw ar aden dde'r Torïaid. Be sy' wedi digwydd i fois Llanelli 'te?

Michael Howard, ond wrth gwrs ar ôl dweud hynny, ma' Trystan Garrel Jones yn dod o Langennech, wrth gwrs ma' Trystan ar aden chwith y blaid Geidwadol fel ma'n nhw'n dweud. Felly y'n ni yn dipyn o gymysgwch.

Nawr aethoch chi i Ysgol Gymraeg Dewi Sant fel John ych brawd a Margaret ych chwaer ondife. O'dd hynny siŵr o fod yn gam mawr i'ch rhieni i'w gymryd ar y pryd, fyse fe'n benderfyniad dewr ar y pryd siŵr o fod Rod?

Oedd yn benderfyniad dewr dros ben. A'th 'y mrawd hyna' i, Huw ddim yno achos o'dd e'n rhy hen i fynd pan ddechreuodd yr ysgol yn 1947. Oedd, o'dd e'n gam dewr dros ben achos hon o'dd yr ysgol Gymraeg gynta' yn y sector gyhoeddus yng Nghymru, ac roedd 'na ymdrechion mawr yn ca'l 'u gneud i stopio'r ysgol, yn gyntaf rhag ca'l 'i sefydlu, a hyd yn o'd ar ôl iddi ga'l 'i sefydlu, i rwystro rhieni rhag danfon 'u plant i'r ysgol. Ac mae'n rhaid dweud, o'dd y ddwy athrawes, Olwen Williams ac Inez Thomas sefydlodd yr ysgol, hefyd wedi bod yn ddewr, a dechre'r ysgol yn Ysgoldy Capel Seion yn Llanelli cyn 'bod hi'n ca'l adeilad iddi hi'i hun rai blynyddoedd yn ddiweddarach.

Cafodd ych rhieni brofiad o'r math o wrthwynebiad o'dd yn digwydd?

Dim ond bo' bobol wrth gwrs ar ben ffordd yn siarad am y peth, ac yn ame a oedd e'n beth doeth i blant ga'l 'u haddysg yn gyfan gwbl yn y Gymraeg. Ond y gwir amdani yw, roedd canlyniade 11+ Ysgol Dewi Sant lot gwell na'r holl ysgolion eraill yn Llanelli, ac wrth gwrs roedd safon y Saesneg hefyd cystal os nad gwell na safon Saesneg pawb arall. Ar ôl dweud hynny wrth gwrs, rhaid cofio bod y plant o'dd yn ca'l 'u danfon i'r ysgol fel petai yn dod ar y cyfan o'r dosbarth canol, plant gweinidogion ac athrawon a doctoriaid ac yn y blaen. Ond o'dd nifer o bobol, o blant pobol gyffredin iawn fel finne yn mynd yno hefyd. Ond fe brofodd yr ysgol 'i hun o fewn byr o dro.

Aethoch chi wedyn i Goleg Llanymddyfri. O'dd ych rhieni ddim yn gallu fforddio hynny wrth gwrs. Fe enilloch chi ysgoloriaeth?

Fe enilles i ysgoloriaeth o'dd yn ca'l 'i chynnig i chwech o blant o Shir Gâr fel oedd hi bryd hynny, bob blwyddyn. Roeddwn i yn un o'r rhai ffodus y flwyddyn honno. Ma' nifer o blant reit adnabyddus wedi cael yr un ysgoloriaeth, Deian Hopkin er enghraifft, o'dd e yn un ohonyn nhw, dipyn hŷn na fi.

O'ch chi'n gallu setlo i lawr Rod, yn weddol rhwydd?

Wel, wi'n credu mai'r gwahaniaeth rhyngof fi a mwyafrif y plant sy'n mynd i ysgol fonedd yw, doeddwn i erioed wedi disgwyl mynd yno, lle mae plant eraill efallai yn cael eu paratoi i fynd oddi cartre yn un ar ddeg oed.

Felly, o'dd e'n sioc i'r system?

Tipyn bach o sioc i'r system, ondife, yn bennaf achos, y flwyddyn gyntaf o'n i yno wi'n credu o'dd y flwyddyn ddwýtha o feddylfryd y ganrif ddwýtha yn y ffordd ma' plant yn cael eu codi, sef bod 'na ddim dŵr twym i wmolch gyda'r nos 'na, o'dd y ffenestri ar agor drw'r nos yn y gaea ac yn y blaen. Felly o'dd 'i'n reit galed a 'falle yn paratoi dyn i ymuno a'r *Marines* tipyn bach yn ddiweddarach!

Roedd Carwyn James yn athro arnoch chi ac yn ddylanwad?

O'dd Carwyn yn ddylanwad ar bawb a phob peth oedd yn digwydd. O'dd unrhyw beth o werth o'dd yn digwydd yng Ngholeg Llanymddyfri, o'dd gan Carwyn rywbeth i'w wneud ag e. Nid yn unig gan mai fe oedd yn dysgu Cymraeg, ond o'dd e hefyd yn gwneud gweithgareddau eisteddfodol yn yr ysgol a hefyd Eisteddfod yr Urdd. O'dd e'n aelod o gôr y capel, yn ymwneud â dramâu ac yn y blaen. Gydag athrawon fel Eifion Davies hefyd, y ddau ohonyn nhw yn cydweithio'n dda dros ben. Na, rygbi a chriced, enwch chi fe, o'dd Carwyn yn rhan ohono fe. Fel mae'n digwydd, roeddwn i hefyd. Felly, ges i lot i neud â Carwyn yn yr ysgol.

Fase fe'n ych nabod chi heddi Rod, yn cymeradwyo'ch gwleidyddiaeth chi'n un peth?

Sa i'n gwybod bydde fe'n cymeradwyo fe, ond un peth wi yn gwybod, bydde ganddo fe ddiddordeb. O'dd gan Carwyn bob amser ddiddordeb mewn beth o'dd pobol er'ill yn gneud, yn enwedig os nad o'dd e'n cytuno â nhw. Ac falle bod e'n arwyddocaol, oedd cymdeithas ddadle gyda ni yn yr ysgol, ac fe drefnodd Carwyn fod 'na ddadl ar 'A alle Cymru sefyll ar 'i thraed 'i hunan?'. Ac ro'dd 'na ddau yn dadle o blaid, a dau ohonon ni yn gorfod dadle yn erbyn. Y ddau yn dadle yn erbyn oedd fi a Deian Hopkin. Gan ei fod e'n awr yn aelod o'r Blaid Lafur, sa i'n siŵr a fydde fe'n cytuno â'r hyn ddywedodd e rai blynydde'n ôl! Ac, falle o'dd Carwyn wedi gweld mor gynnar â hynny pan o'n i'n un ar bymtheg oed bo' fi falle'n wahanol i' w wleidyddiaeth e.

Beth yw'ch ail record chi'n mynd i fod nawr 'te?

Wi 'di dewis y *Trumpet Voluntary*, a'r rheswm dwi 'di dewis hwn achos ma' Rhodri'n fab hyna' i yn dysgu canu'r utgorn, ac ma' rhyw ychydig o dalent ganddo fe, ac o'n i'n gwrando arno fe rai misoedd yn ôl yn dechre ymarfer canu y *Trumpet Voluntary*, ac rwy'n siŵr bydd e'n dda rhyw ddiwrnod, a phan fydda i'n clywed hwn nawr fydda i'n meddwl am Rhodri ni.

* * *

Ma' Rhodri mewn ysgol fonedd hefyd Rod, felly ma' rhaid ych bod chi'n cymeradwyo'r math o addysg sy'n ca'l 'i gynnig?

Ydw, ydw, ma' Rhodri yn Ysgol Rugby yn Warwickshire, ac fe enillodd e ysgoloriaeth i'r ysgol honno, ysgoloriaeth sy'n cael 'i chynnig dim ond i blant o Gymru. Roedd e'n ffodus iawn i ga'l yr ysgoloriaeth hon, a rhaid dweud mae e'n gwneud lot o les iddo fe. O'n i lan yna neithiwr fel mae'n digwydd, yn gweld e yn y *Pirates of Penzance*, ac 'nes i fwynhau hwnna'n fawr iawn.

Ydi e'n dal i siarad Cymraeg?

Odi, odi, mae'n dal i siarad Cymraeg yn iawn, ac mae'n ca'l gwersi Cymraeg yn yr ysgol, gan athrawes sy'n dysgu Cymraeg yno. Mae'n gwneud *GCSE* yn Gymraeg. Ac fel mae'n digwydd, o'dd 'na athro yn yr ysgol, Hywel Williams, yn ymgeisydd y Torïaid yn Aberafan yn ystod yr etholiad diwetha, mae e nawr yn gweithio i John Redwood fel cynorthwyydd gwleidyddol. Hywel Williams oedd y dyn wnath gyfieithu'n maniffesto ni i'r Gymraeg cyn yr etholiad diwethaf. Felly oedd lot o Gymraeg o gwmpas iddo fe, a Cymraeg da hefyd iddo fe ga'l ymarfer arno fe.

I ddod 'nôl at ych addysg chi, fe aethoch chi i Goleg Aber, ond arhosoch chi'm yno'n hir?

Beth ddigwyddodd fan'na, wi'n credu, o'dd gen i dalent dros y mathemateg, ond fe es i mlân i wneud Mathemateg Pur, a gweld fod y peth ddim mor ymarferol ag oedd 'i angen arna i. Dwi'n dueddol o fod yn ddyn pragmatig, ymarferol, a thipyn bach yn *ethereal* o'n i'n gweld Mathemateg Pur.

Am faint arosoch chi fan'ny wedyn?

Wnes i roi'r gore i neud Mathemateg. Wnes i ddim rhoi'r gore iddi yn hawdd, wnes i stryglo mlaen, ond mater o fethu â chadw diddordeb yn y pwnc oedd e, yn enwedig pan o'dd 'na bethe llawer mwy diddorol yn digwydd, megis ym maes Economeg ac yn y blaen. Felly maes o law es i mlân wrth gwrs i neud Economeg yn Abertawe. Ond dim cyn bo' fi'n gosod rhyw fath o ddisgyblaeth drosof fi'n hunan trwy fynd i'r *Marines*.

O'ch chi'n teimlo bod angen disgyblu arnoch chi?

Wi'n credu ma' angen disgyblu ar bawb. Ges i ddisgyblaeth dda yn Ysgol Gymraeg Dewi Sant o safbwynt gwaith a disgyblaeth gyffredinol wi'n credu. Ond yn sicr, ar ôl dod drwy'r chwedege, o'dd angen disgyblaeth arna i, fel pawb arall y cyfnod hwnnw, ac yn sicr fe ges i ddosaid reit fawr yn y *Marines*.

O'ch chi'n dygymod â disgyblaeth yn iawn o'ch chi?

Oeddwn, oeddwn. Sdim lot o ddewis gyda chi pan y'ch chi'n cyrraedd yno ac ma'n nhw'n torri'ch gwallt chi deirgwaith o fewn yr wythnos gynta'. Ma'n nhw fel petai'n rhoi marcer lawr, a dweud pwy yw'r bos. Mae'n ddiddorol, be ddysges i yn y *Marines*, yw bod pob peth yn bosib. Os ydi dyn yn benderfynol o fynd ar ôl rhywbeth a'i wneud e, mae e bob amser yn bosib. Yn bosib i bawb. O'dd honna yn sicr yn wers werth 'i chael.

O'dd natur wyllt ynoch chi 'te Rod? Ydi e'n rhan ohonoch chi a'ch bo' chi'n teimlo bod rhaid i chi ddisgyblu'ch hunan, i reoli hynny?

Wi'n credu bod disgyblaeth yn bwysig dros ben, ac falle pan ma' pobol yn mynd yn henach, ma' pobol yn dod yn fwy cymhedrol – a phaid â chwerthin, dwi yn dod yn llawer mwy cymhedrol wrth bo' fi'n dod yn henach. Ac ma' hwn yn dod yn rhan o'r ddisgyblaeth, wi'n credu.

Aethoch chi'n ôl wedyn i'r coleg yn Abertawe, ond yn y cyfamser fe fuoch chi hefyd yn gyrru tacsis yn Llunden.

Do, fues i'n llenwi rhai bylche . . .

Ysgol galed arall sen i'n meddwl?

Sa i'n siŵr be sy'n digwydd dyddie 'ma, ond dyddie hynny, dyddie cynnar y *mini cabs* yma, o'dd na deips reit annifyr yn gweithio yn y llefydd yma.

A shwt o'n nhw'n delio â chi wedyn, fel myfyriwr ondife?

O'n i'n dod mlân yn iawn gyda rhai, dim cystal gydag eraill, ond fel popeth arall mewn bywyd ma' adege lle mae'n rhaid i ddyn roi'i stamp ar beth sydd yn digwydd, ac ar adege bu'n rhaid i fi roi yn stamp ar yr hyn o'dd yn mynd ymla'n o 'nghwmpas i.

Nawr ych trydedd record chi?

Rest Weary Heart gan Gôr Rhosllannerchrugog. Mae'n ffefryn mawr gyda'n frawd hyna' i Huw, sy'n ymddiddori fel fi ymhob peth yn ymwneud gyda chorau meibion, ymddiddori ym mhopeth Cymraeg a Chymreig. O'dd yn rhaid i fi ga'l un record o gorau meibion, ac felly fe benderfynes i ddewis hon.

* * *

Y gwaith 'ma yn y Weinyddiaeth Amddiffyn, aelod o'r Intelligence Staff, *bod yn ysbïwr ydi hynny ynte?*

Nage, nage, dadansoddi gwybodaeth yw gwaith yr *Intelligence Staff* yn y Weinyddiaeth Amddiffyn, a'r pwrpas yn benna pan o'n i yno oedd edrych ar yr Undeb Sofietaidd, a gweld beth o'dd paratoadau'r Undeb Sofietaidd ar gyfer rhyfela. A'u *gallu* nhw i ryfela hefyd. O'dd hi'n bwysig dros ben o safbwynt yn polisi amddiffyn ni 'bod ni'n deall yn union beth o'dd 'u pwrpas nhw a'u gallu nhw a'u pŵer nhw, ac wrth gwrs dyma sut mae polisi amddiffyn yn cychwyn yw gwybod yn union pwy yw'r gelyn, be sy' ganddo fe a beth yw 'i fwriad e.

Wi'n sylwi bod Gorbachev yn un o'ch arwyr chi erbyn hyn?

Wel odi wrth gwrs. Fe nath Gorbachev newid yr holl beth, pwy fase wedi credu na meddwl pan o'n i'n gweithio yn y Weinyddiaeth Amddiffyn y bydde Gorbachev wedi dod heibio ac wedi newid yr holl fyd.

A Gorbachev nid Yeltsin?

Na, dwi ddim yn rhyw siŵr bod Yeltsin mor sefydlog â

161

Gorbachev. Ond Gorbachev wnath ddechre'r peth i ffwrdd. Gorbachev o'dd yr arwr cyntaf, yr arweinydd cyntaf yn yr Undeb Sofietaidd, oedden ni yr ochr yma yn gallu credu'r hyn o'dd e'n 'i ddweud. O'dd pawb a'th o'i flaen e, dim ond celwydd o'n nhw'n 'ddweud . . .

Un arall o'ch arwyr, neu arwresau chi, o'dd Mrs Thatcher ynde?

Fe wnaeth Mrs Thatcher drawsnewid nid jest yr economi ond yn hagwedd ni at fyw. O'n i'n sôn yn gynharach, finne'n ca'l yn magu gartre i helpu pobol o'dd yn llai ffodus na ni'n hunen fel unigolion, yn hytrach na phwyso neu alw ar y Wladwriaeth Les i'w helpu nhw.

Ond nid dyna'r argraff o'dd hi'n 'greu, nagefe, achos o'dd hi mor bullish *mewn gwirionedd, ac yn dweud 'mae'n rhaid ichi sefyll ar ych tra'd ych hunen'. Wel y'n ni i gyd yn gwybod yn iawn wrth gwrs na all pawb ddim sefyll ar 'u tra'd 'u hunen.*

Na, na, wi'n cofio Mrs Thatcher yn sôn am y *Samaritan Trugarog*, a'r hyn ddwedodd hi yw na fydde'r *Samaritan Trugarog* wedi gallu helpu neb oni bai bod arian yn 'i boced e. A dyna yw'r gwir amdani ondife?

Beth amdani ddi nawr Rod. Y'ch chi'n ei chefnogi ddi nawr, yn edrych 'nôl ar y gorffennol a ddim yn rhy garedig wrth y rhai fuodd yn gweithio iddi?

Mae chwerwder wedi cymryd drosodd, yn anffodus, ac mae hi i raddau yn tanseilio yr oll y gwnaeth hi yn ystod yr wythdegau. Bydde'n well gen i 'i chofio hi fel oedd hi yn arweinydd yn hytrach na 'i gweld hi'n cecran ac yn dweud pethe cwbwl annheg am y bobol hynny o'dd yn gweithio gyda hi . . .

Fe ddaethoch chi'n ôl i Gymru [wedi'r Fyddin] a gweithio i'r BBC. Wrth gwrs mi oedd 'na si ar y pryd bod y llywodraeth wedi'ch plannu chi yno, i gadw golwg ar eithafwyr o Gymry. O'dd 'na wirionedd yn hynny?

Wel, os wyt ti'n dweud 'tha i bod 'na eithafwyr o Gymry yn gweithio yn y *BBC*, wi'n falch i glywed dy fod ti'n cydnabod hynny! Na, o'n i'n gweithio yn yr ystafell newyddion, a nonsens llwyr yw dweud bo' fi yna i weithio i'r llywodraeth achos beth gythrel sy'n mynd mlân yn ystafell newyddion y *BBC* ond cynhyrchu newyddion i'w ddarlledu. Hyd y gwn i 'dyw'r stafell newyddion yn gneud dim byd cudd, os odyn nhw, dwi ddim yn ymwybodol ohono fe.

Ond wrth gwrs y gwir yw bod y bobol sy'n gweithio yn newyddion yn gwybod yn iawn am bethe sy'n digwydd ontife. Nid bod pobol y newyddion yn eithafwyr, ond bo' nhw mewn cysylltiad â phobol sy'n cael 'u cyfrif yn eithafwyr ynde.

Ie. Ond y pwynt yw mae unrhyw wybodaeth, unrhyw stori sy'n dod gerbron i'r ystafell newyddion yn ca'l 'u cyhoeddi ar y radio ac ar y teledu, felly cwbwl ddibwrpas faswn i'n teimlo yw defnyddio adnodde prin yn y ffordd honno. Sa'i erioed wedi clywed am y fath beth yn digwydd.

Nawr 'te. Gyrfa mewn gwleidyddiaeth yn y pen draw o'dd 'i

Rod. Beth o'dd yn apelio yn y math yma o yrfa?

Wi 'di bod yn ymddiddori mewn gwleidyddiaeth erioed. Pan o'n i'n grwt bach o'n i bob amser yn gwatsiad canlyniadau'r etholiade cyffredinol gyda Bob McKenzie a'i *swingometer* ac yn y blaen . . . Ac wi'n cofio yn union pan ddaeth y cyfle, achos fi ddarllenodd y stori mas ar newyddion y *BBC*, ro'dd Nigel Thomas y darpar-ymgeisydd [Torïaidd] yng Nghaerfyrddin wedi penderfynu rhoi'r gorau iddi, a wi'n cofio darllen y stori mas, a meddwl i fi'n hunan, wel dyma'r cyfle, achos o'n i'n meddwl bod *chance* i ennill Caerfyrddin. Fe af i amdani. Ac fe benderfynes i yn y fan a'r lle o flaen y camera, ond sa i'n credu bod neb wedi sylwi.

Na. Ych pedwaredd record chi?

David Lloyd, un o ffefrynnau arall cenhedlaeth yn rhieni, yn canu *Elen Fwyn*, achos Elen yw y ferch, yr ifanca ac mi fyddai'n meddwl am Elen fach ni pan fydda i'n clywed David Lloyd yn canu, ac wrth gwrs meddwl am Trystan bach hefyd.

*   *   *

Dod yn ail yn etholiad Caerfyrddin Rod. Faint o siom o'dd e?

O'dd colli yn siom, achos fel popeth arall wi'n ymdrechu i' neud, wi'n mynd ati i ennill. A doeddwn i ddim wedi disgwyl colli Caerfyrddin tan y noson honno. Felly o'dd e'n siom, ond fel popeth arall, ma' bywyd – y'ch chi lan un funud a 'chi lawr y funud nesa. A'r peth pwysig yw i godi'ch hunan lan a chario mlaen a ffindio rhyw nod arall neu rywbeth arall i frwydro drosto fe. I fi wrth gwrs, o'dd e'n dwbwl ergyd achos o'n i ddim yn gallu cario mlaen i weithio yn y *BBC*.

O wrando arnoch chi fan hyn nawr yn siarad, mae'n ymddangos i fi ych bod chi'n Gymro i'r carn ondife. Pam y'ch chi'n dweud pethe mor atgas am ych cyd-aelodau Cymraeg? Chi'n 'u galw nhw'n Ffasgwyr a Natsïaid a phethe fel hyn. O's rhaid defnyddio iaith mor eithafol â hynny?

Wel mae'n dibynnu beth y'ch chi'n 'i olygu wrth 'Ffasgydd' a beth wi'n 'i olygu wrth 'Ffasgydd'. Beth wi'n 'i olygu wrth 'Ffasgydd' yw rhywun sy'n gwrthod derbyn bod bobol sy'n wahanol mewn rhyw ffordd neu'i gilydd yr un mor dderbyniol . . . cofiwch chi, a bod yn deg â phobol Plaid Cymru, dwi'm yn dweud bod yr holl gefnogwyr yn Ffasgiaid. Beth wi yn ei ddweud yw bod nifer ohonyn nhw, ac ar adege ma' hyd yn oed 'u harweinwyr nhw'n dweud pethe sy'n gwbwl gyson â Ffasgaeth.

Ond o'ch chi felly bownd o fod yn anfodlon â'r sylwade hiliol wnaed yn ych cynhadledd ych hunen, chi'mbod, yr European scroungers 'ma, a'r math 'na o beth. Wel, o'dd hwnna'n hiliol on'd oedd?

Na, dwi'm yn credu bod Peter Lilley [AS] wedi galw pawb yn Ewrop yn *scroungers*, beth o'dd e'n ceisio dweud o'dd, cyfeirio at y ffaith bod 'na rai pobol sy'n manteisio yn annheg ar y Wladwriaeth Les yn dod i fewn i'r wlad yma o wledydd yn Ewrop. Ma' hwnna yn gwbwl wahanol i'r math o beth pan 'dach chi'n sôn am y *gin soaked people of Surrey* . . .

Beth yw'ch uchelgais chi Rod, wi'n cymryd nad y'ch chi'm isie bod yn Brif Weinidog ar Senedd Cymru, sy'n debyg o ga'l 'i sefydlu ar ôl yr etholiad nesa falle?

Na, y gwir amdani yw, 'dyw mwyafrif llethol pobol Cymru ddim isie senedd, fel ffindon ni mâs yn 1979.

Ond mae'n debyg y bydd y Blaid Lafur yn ennill yr etholiad nesa ac wedyn fe fyddan nhw'n sefydlu rhyw fath ar senedd.

Wel cawn ni weld. Yn gyntaf cawn ni weld os wnân nhw ennill yr Etholiad Cyffredinol. Yr ail beth yw, pe baen nhw yn ennill yr Etholiad Cyffredinol, a fydden nhw'n cadw'r addewid yma. Rwy'n ame hynny yn fawr iawn achos mae trwch y Blaid Lafur yn y Senedd ac yng Nghymru, dy'n nhw ddim isie Senedd i Gymru fel ddangoswyd yn y Refferendwm yn 1979.

Ry'n ni 'di dod at yn record olaf. Beth yw'r dewis yn mynd i fod?

Limelight gan Charlie Chaplin, ac wi 'di dewis hwn achos mae'n atgoffa fi o 'Nhad o'dd bob amser yn chwibanu rhywbeth neu'i gilydd – emyn-dôn neu yn amlach fyth, *Limelight*. Ro'dd 'Nhad yn dipyn o gymeriad hefyd ac felly ma'r miwsig a Charlie Chaplin yn atgoffa fi ohono fe.

* * *

'Er bod yr haul wedi machlud arna i fwy nag unwaith mae'n mynd i wawrio eto'

Rod Richards
Rhaglen 2

Recordiwyd o flaen cynulleidfa ar faes Eisteddfod Genedlaethol Rhuthun, Awst 2001

Darlledwyd: 4 Hydref, 2001

Cerddoriaeth:
1. *Y Marchog*: Syr Geraint Evans
2. *Preobrajensky March*: Band y Royal Marines
3. *Rhyfelgyrch Gwŷr Harlech*: Côr Orffiws Treforys.
4. Y *Last Post*

Mae'r gwestai wedi'i alw yn 'the most hated man in Wales'.
Fe'i ganed yn fab i ffiter yn y gwaith copor yn Llanelli. Enillodd
ysgoloriaeth i Goleg Llanymddyfri, yna mlân i'r Brifysgol yn
Aberystwyth cyn ca'l 'i gico mâs ar ôl blwyddyn. Ymunodd
wedyn â'r Marines *cyn mynd 'nôl i'r Brifysgol ac ennill gradd*
dosbarth cyntaf mewn Economeg yn Abertawe. Bu'n yrrwr
tacsi yn Llunden am gyfnod cyn ei ddyfarnu'n euog o ABH am
roi cleren i yrrwr tacsi arall. Daeth i weithio yn ôl yng
Nghymru ddiwedd y saithdege i fyd teledu, cyn ymuno â'r
gwasanaethau cudd yng Ngogledd Iwerddon a Llunden. Ganol
yr wythdege daeth yn ôl i'r BBC *am gyfnod cyn troi at fyd*
gwleidyddiaeth a chadw tafarn yn Ystradgynlais. Collodd achos
llys bryd hynny am beidio â thalu bil adeiladwr cyn ennill sedd
seneddol gogledd-orllewin Clwyd yn '92. Gyrfa addawol wedyn
fel Gweinidog yn y Swyddfa Gymreig cyn cael 'bondage
romps with divorcée' – *yn ôl pennawd un papur.*
Ymddiswyddodd fel Gweinidog a cholli 'i sedd yn yr Etholiad
Cyffredinol yn '97, ond daeth yn ôl i'r Cynulliad ddwy flynedd
yn ôl ac yn arweinydd ar y grŵp Ceidwadol hefyd. Yna cafodd
ei gyhuddo o ymosod ar ferch o'r enw Cassandra Melvin.
Ymddiswyddodd fel arweinydd y grŵp Ceidwadol i ymladd 'i
achos ac fe'i cafwyd yn ddi-euog. Ond wedyn fe'i taflwyd allan
o'r grŵp Ceidwadol gan 'i bobol 'i hun yn y Cynulliad. Dyna'r
bennod ddiweddara mewn hunangofiant fyddai'n gwerthu'n
arbennig o dda.

Beth fydde'i dad wedi'i ddweud wrtho ynglŷn â'i helbulon
diweddar?

Wi'n gwbod yn union beth fydde 'Nhad wedi dweud,
bydde fe wedi dweud 'tho i 'y diawl twp', ond wedyn
fyse fe wedi rhoi 'i law ar yn ysgwydd i a dweud 'ond mi

fydda'i wrth dy ochor di bob cam o'r ffordd'. Ac mi fydde fe hefyd.

Hyd yn o'd a chithe wedi rhoi dolur i gyment o bobol?

Odw, wi wedi neud dolur i nifer o bobol, wi'n difaru am hynny. Ond gobeithio bo' fi 'di cyfrannu ac wedi bod yn gymorth i nifer o bobol hefyd. O'ch chi'n sôn am bennawd un o'r papure yn deud *'the most hated man in Wales'*. Yr *Independent* osododd y pennawd hwnnw mâs pan o'n i'n ymladd is-etholiad Bro Morgannwg. Mae'n rhaid i ni dderbyn bod y pethe 'ma yn ca'l 'u dweud. Beth sy'n bwysig yw peidio â gadael iddyn nhw gyrraedd y galon.

Pa mor agos o'ch chi i'ch rhieni, i'ch tad a'ch mam?

Agos iawn. Agos iawn i' Nhad. O'dd 'y Nhad yn sant, yng ngwir ystyr y gair. O'dd e'n ddiacon yn y capel ac, wrth gwrs o'n i'n mynd i'r capel deirgwaith bob dydd Sul pan o'n i'n fach, ond wi'n cofio pan o'n i'n fy arddege cynnar, a 'Nhad yn rhoi lifft gartre i un o flaenoriaid y capel ac wrth bo' ni'n mynd ar hyd y ffordd, fe welson ni ddyn yn 'i dridegau o'dd wedi bod yn mynychu'r capel ond ddim bellach. Hefyd o'dd e wedi 'i ga'l yn euog o drosedde rhywiol gyda dyn mewn tŷ bach yn rhywle. Ac anghofia'i fyth y person yma o'r capel yn dweud wrth 'y Nhad, 'Be ti'n meddwl o'r mochyn yna 'de?'. Dim gair wrth 'y Nhad am eiliad, ac fe drodd a wedodd e 'Na, 'dyw e ddim yn fochyn, 'dy'n ni ddim yn gwybod pam na sut da'th e i fod fan'na. A'r eiliad honno o'n i'n gwybod 'mod i wrth ochor sant. Ddysges i lot.

Pam na fuasech chi 'di 'i ddilyn e 'te Rod?

Wel ma' dilyn sant yn anodd beth bynnag ondife. Mae'n ymateb i i'r hyn ma' bobol erill yn gneud, wi'n gobeithio, yn nesáu at yr agwedd honno, *liberal* gydag 'l' fach. Wi'n credu bob amser wi'n gallu ca'l 'y mhen o gwmpas pam ma' pobol yn ymddwyn y ffordd ma'n nhw. Mae 'na rai trosedde na alla'i – rhywun sydd yn ymyrryd â phlant er enghraifft – alla i ddim ca'l 'y mhen o gwmpas 'na o gwbwl. Ond ma' lot o bethe galla'i, wi'n credu, dwi'n gobeithio y galla'i ddeall.

Ond fase'ch tad byth wedi gweud y pethe cas y'ch chi 'di weud am bobol?

O'dd 'y Nhad ddim yn wleidydd! Ma'n rhaid deall y gwahaniaeth rhwng beth ma' dyn yn 'ddweud gwedwch ar lawr Tŷ'r Cyffredin neu ar lawr y Cynulliad, achos theatr yw e. A wi'n 'i weld e fel theatr. Ond pan y'ch chi'n trafod yn bersonol gyda phobol, ma' hwnna'n wahanol. Ma'n nhw'n unigolion, ma'n nhw'n bobol. Ond pan ma'n nhw'n wleidyddion, ma'n nhw'n haeddu cael eu trin fel wyt ti'n trin gwleidyddion dy hun Beti.

'Steddfod wedyn. Y'ch chi 'di dweud nad y'ch chi ddim yn hoff o'r Steddfod. Fe wedoch chi ar Pawb â'i Farn *pwy noson.*

Na, nid dyna wedes i. Cam-ddyfynnu. Newyddiadurwraig broffesiynol, ond yn gallu cam-ddyfynnu!

Reit.

Beth wedes i oedd nad yw'r Eisteddfod at ddant pawb. Ac ma' hwnna'n wirionedd. Ma' nifer fawr o bobol yng Nghymru sydd ddim yn ymddiddori yng ngweithgareddau'r Eisteddfod – di-Gymraeg a Chymraeg. Wi'n mwynhau bod yma am y tro, 'na'i gyd ddwedes i, nid bo' fi ddim yn hoff ohono fe, ond bod e ddim at ddant pawb. Alli di'm â gwadu bod hwnna'n wir.

Yn '94 fe ddwedoch chi y dylen ni groesawu mwy o fewnfudwyr – roedd hyn mewn cyfweliad yn Barn. *Os ydyn nhw am ga'l ysgolion Saesneg, gadewch nhw i ga'l 'u hysgolion Saesneg. Y'ch chi 'di newid ych cân oddi ar hynny?*

Chwi gofiwch Bet, pan o'n i'n Weinidog taw fi ddechreuodd y cynllun i ddanfon athrawon mas i Batagonia i ddysgu Cymraeg i Gymry di-Gymraeg Patagonia. Dyna pryd ddechreuodd y cynllun ar ôl i fi fod mas yn yr Ariannin.

O's ots 'da chi 'weld hi'n marw?

Wrth gwrs bod e. Dyna pam ddes i 'nôl i fyw yng Nghymru yn ystod yr wythdege, fel bod 'y mhlant i'n gallu mynd i ysgol gynradd Gymraeg, ble aethon nhw ar y cychwyn.

Ydyn nhw'n siarad Cymraeg erbyn hyn?

Dim cystal ag y bydden i wedi gobeithio. Ma'r un hyna' yn eitha da. Gafodd e TGAU yn Gymraeg, dosbarth A. Ma'r ferch a'r un ifanca', ma' hi newydd neud TGAU yn

Gymraeg yma yng Nghaerdydd. Felly ma'n nhw wedi ymdrechu o gofio wrth gwrs buon nhw'n byw yn Llunden yn ystod y pum mlynedd pan o'n i'n Aelod Seneddol.

Y record gynta'?

Syr Geraint Evans yn canu *Y Marchog* yn Eisteddfod Caerdydd. Pawb yno wedi ca'l 'i siomi am nad o'dd 'na deilyngdod. Pawb yn fflat, ac wedyn y dyn mawr ei hunan, yr arwr mawr gyda'r llais aeddfed yma, fel gwin aeddfed, byd-enwog, jest yn codi ar 'i draed a chario pawb gydag e. Dyna beth yw ysbrydoliaeth. Ma' pawb yn cofio'r Eisteddfod 'na, nid am bwy enillodd y goron neu'r gadair, ond am Geraint.

* * *

Beth o'dd yn eich denu chi at wleidyddiaeth, Rod? Y pŵer?

Ma' nifer o bethe dwi'n credu yn denu rhywun at wleidyddiaeth. Ma' pŵer yn sicr yn un ohonyn nhw. Ond efallai bo fi'n teimlo dros y blynyddoedd, dwi'r math o berson ma' pobol 'di dod ataf i beth bynnag i'w helpu nhw gyda phroblemau. Y cynnwrf, ac wi'n berson sy' wedi byw ar yr ochr, *on the edge*, erioed. Ac wi'n hoffi'r cynnwrf, y symud, y pŵer i allu newid pethau, gneud pethe, ac o'dd e bron yn gam digon naturiol i fi. Ac wrth gwrs, wedi ymddiddori mewn gwleidyddiaeth ers o'n i'n fachgen ifanc . . .

Faint o ffrindie sy' 'da chi ar ôl ymhlith Torïaid y Cynulliad erbyn hyn?

Ha, ha, ha! Ma' un ffrind da iawn dros ben . . .

David Davies . . .

David Davies.

Sy' wedi dysgu Cymraeg yn rhyfeddol o rugl.

Sy' wedi bod wrthi ers dwy flynedd yn dysgu'r Gymraeg ac sy'n ddigon huawdl – falle taw ewn yw'r gair – i ofyn i Dafydd Wigley ildio fel bod e'n gallu gofyn cwestiwn iddo fe yn Gymraeg, ac fe wnaeth e'n dda hefyd.

Y teimlad ma' dyn yn 'ga'l erbyn hyn yw ych bo' chi 'di mynd yn ofnadw' o negyddol. O's rhywbeth positif y'ch chi isie'i weld yn digwydd?

Oes, lot o bethe positif garwn i weld y Cynulliad yn gneud. Un o'r gwendide mawr ar hyn o bryd sydd wedi siomi bobl yng Nghymru, hyd yn oed nifer o'r rheini oedd yn gefnogol i'r Cynulliad, yw bod 'na ddiffyg gweledigaeth. Cofiwch chi, wi'n credu o'dd 'na or-ddisgwyl o'r hyn alle'r Cynulliad 'i neud. Ac yn sicr ro'dd tair plaid – Llafur, Plaid Cymru a'r Rhyddfrydwyr – wedi codi gobeithion bobol ormod yn ystod yr ymgyrch cyn sefydlu y Cynulliad. Ac felly, pobol wedi disgwyl gormod. 'Dyw dwy flynedd ddim yn gyfnod hir mewn gwleidyddiaeth o safbwynt ca'l strategaeth sy'n gweithio.

Ond fe hoffwn i, er enghraifft, weld y Cynulliad yn

gwneud pethau fel cymryd drosodd ariannu ysgolion uwchradd, fel 'bod nhw'n ca'l yr holl arian y dylen nhw'i ga'l, yn hytrach na bod arian yn mynd i awdurdodau lleol. Fe hoffwn i hefyd weld y Cynulliad yn newid y ffordd ma'r Gwasanaeth Iechyd a'r Gwasanaethau Cymdeithasol yn ca'l 'u hariannu . . .

Ma' nifer o bethau er'ill. Gwedwch er enghraifft pe bai Prydain, Duw a'n helpo ni, yn ymuno ag arian sengl [Ewropeaidd], wel ma' hwnna'n gêm gwbl newydd i ni yng Nghymru wedyn, achos fe fydden ni'n rhan o Ewrop. Ac mi fasen i hyd yn oed yn barod i ystyried o ddifri wedyn fod Cymru yn mynd 'i ffordd 'i hun, ca'l 'i harian 'i hun, 'i chyfradd llog 'i hun, a gadewch i'r Ewropeaid ga'l 'u harian nhw. Dal i fasnachu gyda nhw.

Dyna beth fasech chi'n neud ie?

Iesgyn baswn.

'Se dim gobeth 'da Cymru i barhau wedyn, o'r tu allan i Ewrop, 'do's bosib?

Pam? Pam?

Wel, shwt mae'n mynd i fasnachu . . . ?

Un peth sy'n sicr, 'dyw Cymru ddim yn mynd i ffynnu gydag un gyfradd llog dros Ewrop gyfan. Ar adege mae'r gyfradd llog sy' gyda ni ym Mhrydain ddim yn siwtio Cymru. A ffordd ma'r Llywodraeth yn goresgyn hwnna yw trosglwyddo arian o'r Trysorlys i Gymru. Yn sicr bydd yr adege hynny pan nad yw cyfradd llog yn siwtio

Cymru yn digwydd fwyfwy pe baen ni mewn arian sengl.

Rhyfedd ych clywed chi'n siarad fel hyn, achos fydde hynne'n golygu Cymru annibynnol, gwbl annibynnol felly?

Wel, yn rhan o Ewrop, masnachu gydag Ewrop, yn rhan o'r Gymuned Ewropeaidd . . . ond ddim byd i neud â'u harian nhw. Wi am i holl wledydd Ewrop gadw 'u hunaniaeth arbennig 'u hunen. Dyna be sydd yn gwneud ni i gyd yn ddiddorol, nid bod ni i gyd 'run peth, nid rhyw fath o *monolith*, lle 'does 'na ddim gwahaniaeth rhwng un pegwn a'r pegwn arall.

A'r ieithoedd i gyd yn para a'r diwylliannau i gyd?

A'r ieithoedd i gyd a'u diwylliant, i gyd yn para. Dyna be sy'n gwneud y byd yn ddiddorol. Byd diflas fydde fe pe baen ni i gyd yr un peth.

Wrth gwrs o'ch chi yn erbyn y Cynulliad beth bynnag. Fysech chi nawr . . .

O, smo ti'n dala hwnna'n yn erbyn i . . . ma'r byd yn symud mlaen!

Reit, beth am alw Refferendwm nawr i ofyn – achos dyna beth yw awgrym sawl un – y dylid gofyn i bobol Cymru nawr ydyn nhw am barhau â'r Cynulliad neu ydyn nhw eisie ei ddiddymu.

Wel, wi 'di gweud ers amser bellach . . .

. . . bod angen Refferendwm?

Na. Beth wi 'di 'weud ers amser yw nad yw'r *status quo* sy' gyda ni ar hyn o bryd yn gweithio yn rhy dda, er mai dim ond ers dwy flynedd ma'r Cynulliad yn bod. Felly ma' rhaid i ni ddechre meddwl sut i fynd ymlaen. Gan fod pobol ar y cyfan wedi'u siomi, y cwestiwn sy'n rhaid i ni 'i ofyn nawr yw, odyn ni'n mynd i fynd ymlaen a bod Cymru'n cael rhagor o bwerau, neu a ydi'r holl syniad o ddatganoli wedi bod yn fethiant ac felly mae'n rhaid i ni ail-drefnu'r Cynulliad gyda llywodraeth leol. Nawr fe fyddai'r math yna o gwestiwn yn gwestiwn teg, ac mae'n ddiddorol darllen yn y papur yr wythnos hon bod Adam Price, Aelod Seneddol Plaid Cymru yn Nwyrain Caerfyrddin, hefyd yn dweud y dyle fod 'na Refferendwm ar un ochr, ar gael rhagor o bwerau. Ond i fod yn deg, mae'n rhaid i chi roi dewis. Alla i'm credu bod y *status quo* yn ddewis.

Pa ddadl fase chi yn 'i chefnogi?

Mae'n dibynnu pa bwerau y'ch chi'n chwilio amdanyn nhw. Er enghraifft, y'ch chi'n sôn am bwerau deddfwriaethol. Bydde hynny'n golygu allen ni, er enghraifft, fynd i ganlyn y polisi addysg o'n i'n cyfeirio ato fe yn gynharach, a pholisi ar iechyd a gwasanaethau cymdeithasol. Pe bai Prydain yn ymuno ag arian sengl, wel wrth reswm wedyn, mi fydden ni am weld Cymru yn ca'l rhagor o bwerau.

Ych ail record chi?

Yn ail record i yw'r *Preobrajensky March*. 'Ti'n mynd i fwynhau hwnna, gan bwyll nawr reit. *Slow march* y Royal

Marines, a beth ma' hwn yn atgoffa fi, cyment wi wedi gorfod 'dynnu ar hyfforddiant ges i ddeng mlynedd ar hugain yn ôl yn ystod y ddwy flynedd ddwetha, sef os y'ch chi am fod yn dda yn rhywbeth, ma'n rhaid i chi weithio'n galed, ma' angen disgyblaeth ac wedyn allwch chi fod y gore.

* * *

Band y Royal Marine Commandos, *lle'r o'ch chi'n ca'l ych disgyblu, Rod?*

O'n. Gwaith caled, gwaith caled.

I'ch disgyblu chi?

Oedd, ond ma'n nhw'n llwyddo bob amser.

O! O dan ba fath o amgylchiade?

Sicrhau bod y meddwl yn drech na'r corff, pan ma'r corff wedi blino ac yn wan, ma'r meddwl yn cymryd drosodd, ac yn ych cadw chi i fynd. Ma' hynna'n bwysig.

*O'dd e hefyd yn magu **hunan**-ddisgyblaeth?*

Yn sicr. Unwaith yn rhagor pan y'ch chi wedi blino, 'chi'n gorfod meddwl am bethe, achos 'chi'n gofalu am fywydau pobol erill, rhaid 'chi ga'l e'n iawn a cha'l e'n iawn bob tro. Math yna o beth. Ac wrth gwrs, pwysigrwydd cadw'n gorfforol ffit, sydd yn help mawr i'r meddwl.

Ma'n amlwg ych bod chi'n berson sy' yn gorfod ca'l ych disgyblu, neu'n gorfod bod o dan ryw gyfundrefn sy'n ych gorfodi chi i ddisgyblu'ch hunan. 'Sech chi'n cytuno?

Fel ddwedes i yn gynharach, wi wedi byw ar yr ochor – ma' cyffro wedi bod yn rhan o bron pob peth wi 'di gneud. Hyd yn oed cyflwyno *Newyddion Saith* gyda chi Beti George. 'Rhan fwyaf o'r amser o'dd popeth yn mynd yn tic-toc, ond y cyfnode y'n ni'n 'cofio ac yn gwenu amdanyn nhw nawr yw pan ma' popeth yn mynd ar chwâl. Ond ma' dyn ar y pryd yn ceisio sicrhau nad y'n nhw'n mynd ar chwâl. Ac mae 'na gyffro fan'na, fel y'ch chi'n gwybod.

Ond ma' fel petai'r hunan-ddisgyblaeth 'ma wedi cilio rhywfaint o'ch bywyd chi?

Wedi cilio? Na wi'n dal i gadw'n gorfforol ffit – *gym*, oifad ddwywaith y dydd, dim llai na dwy filltir bob dydd, ac yn gneud hynna saith diwrnod yr wythnos.

Ond ma'r achosion diweddara 'ma yn awgrymu bod yr hunan-ddisgyblaeth wedi mynd, bod e 'di mynd yn fwy o fod yn rhywbeth hunan-ddinistriol erbyn hyn.

Wel yn sicr, mae e wedi bod yn ddinistriol. Y pwynt yw, allwch chi ddim â throi'r cloc 'nôl a stopio rhywbeth sydd eisoes wedi digwydd. 'Does 'na ddim byd sydd yn anorfod nes bod e wedi digwydd. Ond unwaith mae e wedi digwydd, dyna'i diwedd hi. Sdim pwrpas wedyn edrych 'nôl a dweud, o wel, dylwn i ddim fod wedi gneud 'na neu fydde hyn neu'r nall ddim 'di digwydd.

Ond wrth gwrs mae'n rhaid, gobeithio, bod dyn yn callio wrth bo' fe'n mynd yn hŷn, ond sdim lot o amser ar ôl 'da fi i gallio nawr!

Y ddwy fenyw 'ma nawr. Julia a Cassandra. Oherwydd ych perthynas chi â nhw, y'ch chi'n awr yn yr anialwch Rod?

Ie, ond, chi'mbod, allwch chi byth â chymharu'n hun â'r Iesu, ond pan dda'th yr Iesu mas o'r anialwch, ro'dd e 'di dysgu lot.

Achos o'dd Julia yn siarad â'r News of the World *ondife,* 'He wrote speech during all-night sex session', 'Minister's bondage romp with divorcee', 'We had sex in the Commons'. *Rhai o'r penawdau.*

Ie, gan bwyll nawr. Penawdau yw'r rhain. Dim yn golygu 'bod nhw'n wir.

Ond dyna be ma' pobol yn 'i ddarllen.

O ie, wi'n gwbod 'na. Be ddweda i wrth gwrs, pan ma' tabloid fel *News of the World* yn ca'l ryw ronyn o wirionedd, wedyn ma'r an-wirionedd yn mynd i fewn i erthygl gyda fe a 'sna ddim byd allwch chi neud amdano fe.

Cassandra wedyn. Croten tair ar hugain oed. Beth yn y byd o'ch chi'n neud yn 'i fflat hi? Pam y'ch chi'n neud y pethe 'ma?

Wi 'di gofyn y cwestiwn 'ma i fi'n hun yn amal iawn. Pan ma' dyn yn wleidydd, wi'n hen gyfarwydd â siarad gyda pobol dwi ddim yn 'nabod. Ma' pobol yn dod lan ata'i ar y maes i siarad neu i ddweud am ryw broblem sydd ganddyn nhw – fel sy' wedi digwydd yma heddi. Felly, 'dyw e ddim yn groes i natur i i gyfarfod a siarad â phobol dwi ddim yn 'u nabod nhw. Yr achlysur hwnnw, yn sicr mi o'dd e'n gamgymeriad mawr i fynd 'nôl i'r fflat, ond fe ddigwyddodd, 'does dim pwynt llefen dros rywbeth sydd wedi digwydd.

Felly, beth oedd yr esboniad?

Wel, pe bawn i'n gwybod yr esboniad Beti, mi fyswn i'n gallach.

Chi'mbod ma' pobol fel Kennedy, Clinton, David Mellor, Allan Clarke, Jeffrey Archer, a ma' pobol neu ddynion yn 'u hamddiffyn nhw trwy ddweud na all y bobol 'ma ddim help fod sex drive *dynion sy'n chwennych am bŵer yn uwch o lawer na* sex drive *dynion cyffredin.*

Beth am ferched sydd yn bwerus? O's *sex drive* ganddyn nhw?

Dwi'm yn gwybod.

Wel wyt ti'n . . . llwyddiannus!

Na, mae e'n gwestiwn o ddifri'.

Mae'n gwestiwn digon teg. Na sa i'n gallu ateb dros bobol fel Kennedy a Clinton a rheiny, achos sa i erioed wedi cwrdd â nhw. Ma' pobol fel Mellor a Jeffrey Archer . . .

wi'n 'nabod nhw'n dda. Ond ma' drygioni a daioni ymhob un ohonan ni. Y cwestiwn yw sut i gyrraedd y daioni ymhob un.

Nawr, i ddod 'nôl at y ddwy ferch 'ma, oni bai am y rhain ondife, y Julia a'r Cassandra 'ma, fe allech chi nawr fod yn cystadlu yn erbyn Kenneth Clarke neu Iain Duncan Smith, am arweinyddiaeth y Blaid Geidwadol, Rod.

Wel breuddwyd yw hwnna ondife. Breuddwyd fyddai hynna.

Ond o'ch chi'n uchelgeisiol?

Ond breuddwyd yw e. Dwi ddim yn cystadlu yn 'u herbyn nhw . . . Ma'r ddau ohonyn nhw'n ddynion galluog a deallus. Wi'n cefnogi Iain Duncan Smith. Mae e'n ddyn cyflawn, yn ddyn allwn ni ddibynnu arno fe . . .

O'ch chi'n dathlu pan ddaeth canlyniad yr etholiad diweddara 'ma?

Roeddwn i'n dathlu dros ffrindie nath fynd 'nôl i fewn. Oeddwn.

Ac o'ch chi'n dathlu nad o'dd y Ceidwadwyr wedi ennill?

Na faswn i ddim yn deud bo' fi'n dathlu, achos o'n i ddim 'di disgwyl iddyn nhw ennill beth bynnag. O'n i'n meddwl bod yr holl strategaeth wedi bod yn wael. Roedd yr ymgyrch yng Nghymru yn un o'r salaf mewn cof. O'dd llawer gormod o ymgeiswyr gyda ni yng Nghymru heb unrhyw gysylltiad o gwbl â Chymru, heblaw bod mamgu wedi bod ar 'i gwyliau yn Rhyl neu rywle!

Chi'm yn ffrind agos i William Hague?

Dy'n ni ddim wedi bod yn ffrindie erioed, a dweud y gwir amdani.

Mae'r Blaid Geidwadol [yng Nghymru] yn sôn am dorri'n rhydd oddi wrth y blaid Brydeinig. Ydi hynny'n gam call?

Na, ar y cyfan. Sa i wedi gweld pa fanylion sydd ganddyn nhw mewn golwg fan hyn. Sa i 'di gweld, er enghraifft, sut maen nhw yn mynd i ariannu 'u hunen. Pa fath arweinydd fydden ni'n 'ga'l. Sut 'ni'n dewis arweinydd ac yn y blaen. Ma' lot o brobleme, ac wedyn cadw rhyw fath o gysondeb mewn polisïau. Felly, na sa i yn orawyddus i weld hwnna'n digwydd.

Ych trydedd record. Y'ch chi 'di dewis Rhyfelgyrch Gwŷr Harlech.

Men of Harlech. Ma' hwn yn rhywbeth sydd wedi ysbrydoli fi erioed . . .

* * *

Sdim dyfodol i chi fel gwleidydd, o's e?

Wel, mae'n anodd bo' ti'n gallu dweud 'na achos dwi 'mond hanner ffordd drw' 'ngyrfa ar hyn o bryd. Ma' sbel o ffordd i fynd.

Gewch chi'ch dewis tro nesa ar restr y Toriaid ar gyfer y Cynulliad ymhen dwy flynedd?

Wel, yn sicr mi fydda'i ar y rhestr, ble ar y rhestr 'does neb yn gwybod . . .

Achos 'do's 'da chi ddim ffrind ar ôl nawr, fel o'ch chi'n dweud, heblaw un.

Mae gen i lot o ffrindie yn y pleidiau erill.

Be newch chi os na ewch chi'n ôl i'r Cynulliad mewn gwirionedd?

Sa'i 'di ystyried 'na. Wi'n benderfynol o fynd yn ôl.

Chi'n alluog, y'ch chi'n rhugl yn y Gymraeg a'r Saesneg. Roedd 'na barch mawr ichi fel gwleidydd, ontife, ych plaid yn ych gwerthfawrogi chi, digon o arian, gwraig a theulu oedd mor gefnogol i chi, am i chi lwyddo yn ych gyrfa. Y'ch chi wedi colli'r cwbwl, Rod, on'd y'ch chi?

Nagw. Nagw. Dim o gwbwl. Sa'i 'di colli 'y mhlant, teulu. Sa'i 'di colli iechyd. Sa'i 'di colli'n *job* i, ac er mor galed ma'r ddwy flynedd ddwetha wedi bod i fi, mae wedi bod yn lot galetach ar lot fawr o bobol erill. Edrychwch ar y newyddion unrhyw noswaith o'r wythnos, ac mae pobol wedi'i chael hi'n waeth na fi. Sa'i 'di colli popeth. Ma' popeth yn gymharol.

Allwch chi'm cymharu'r rhain, achos arnoch chi mae'r bai. Allwch chi'm beio neb arall ond chi'ch hunan.

Sa'i wedi ceisio beio neb arall, ond beth ddwedest ti oedd 'y mod i wedi colli popeth. Na, wi 'mhell o golli popeth. Ma' pobol wedi colli lot mwy na fi.

Achos o'ch chi'n ymddangos ar ôl yr achos tro dwetha 'ma ych bod chi 'di ca'l ysgytwad go iawn ynde?

Wel, ma' bod mewn llys barn yn amddiffyn ych hun yn erbyn cyhuddiadau sydd yn gwbwl, gwbwl ddim yn wir, anwiredd llwyr, gan wybod pe na bawn i'n ennill mi fase'r canlyniad yn uffern dân. Ma' hwnna'n ddigon i roi ysgytwad i unrhyw un, a dyna pryd a pham mae'n rhaid chwilio am nerth . . . Allwch chi ga'l cymorth o'r tu fas, ma' nerth bob amser y tu fewn. A dyna'r unig le ma' nerth. Ma' gan bawb nerth, ond ma' angen cymorth ar bobol yn amal iawn i ddod o hyd i'r nerth hwnnw, a 'na'r gamp, ondife.

Nawr, y'ch chi wedi dweud hefyd na fysech chi am weld neb yn gorfod wynebu'r math o broblemau sydd 'da chi. Be chi'n feddwl wrth hynna?

Hoffwn i ddim â gweld neb, sdim ots pwy y'n nhw, yn gorfod mynd i Lys y Goron, fel y bu'n rhaid i fi neud, i amddiffyn 'u hunen, yn gwybod 'u bod nhw yn ddieuog, ac un o'r effeithie gafodd e arna i oedd hyn. Pan o'n i'n Aelod Seneddol, wnes i bleidleisio o blaid y gosb eithaf am rai troseddau. Ma'r profiad o fod yn ddieuog a sefyll o fla'n rheithgor heb fod yn siŵr 'bod nhw'n mynd i'ch ca'l chi'n ddieuog yn brofiad erchyll. Cymaint gwa'th fydde fe i rywun sy'n wynebu, o bosib, cael eu crogi ar y diwedd. Ma' hynna jest yn greulon. Fyswn i ddim am

184

weld y creulondeb hwnnw yn ca'l 'i fynegi ar rywun sydd yn wynebu cyhuddiade o lofruddio plismon, gwedwch, ond yn ddieuog.

Chi 'di dweud hefyd ych bod yn gweld y byd mewn ffordd wahanol. Beth yw'r ffordd honno?

Ma'r byd yn wahanol. Wi wedi ca'l profiade wi'n credu sy'n helpu fi fel gwleidydd. Er enghraifft, colli'n swydd fel Aelod Seneddol yn ddisymwth – y diwrnod wedyn y'ch chi ar y clwt, yn hanner cant oed ac am weithio. 'Dyw hi ddim yn hawdd bod yn Llys y Goron, gorfod wynebu methdaliaeth. Pob math o broblemau fel'na. Ac wi'n gallu gweld y byd yn wahanol, gobeithio, yn gallu deall problemau sydd gan bobol pan ma' 'na rwystredigaeth, bod 'na ddim help yno, bod 'na annhegwch yn 'u bywydau nhw na allan nhw wneud dim byd amdano fe. Ac mae angen cymorth rhywun arall i roi nerth iddyn nhw.

Y'ch chi 'di dweud hefyd, os nad y'ch chi'n mynd i ymladd yn ôl, beth yw'r pwrpas o fod o gwmpas. Be chi'n feddwl wrth hynny?

Sa i'n siŵr o ble gest ti hwnna. Ond ma' rhaid i chi ymladd yn ôl, os nad y'ch chi'n ymladd 'nôl, sdim pwrpas byw. Felly ma' ymladd yn ôl yn rhan o'n natur 'i. Dim ymladd 'nôl, dim bywyd. Achos be chi'n dweud mewn ffordd wedyn yw bod yr amgylchiade, bod yr hyn sydd wedi digwydd i chi wedi bod yn drech na chi, ac ma'r faner wen yn ca'l 'i chodi.

Y'ch chi 'di dewis y Last Post *fel ych record olaf?*

Odw, odw. Mae' n gyfle i'r Cymry Cymraeg glywed hwn, achos gan nad yw *S4C* yn dangos Sul y Cofio, ma'r bobol hynny sy'n byw 'u bywydau yn llwyr trwy gyfrwng yr iaith Gymraeg ddim yn ca'l y cyfle i'w glywed e. Wi am glywed e eto achos bob tro ma'r haul yn machlud mae'n gwawrio yn rhywle. Ym mhob machlud haul mae 'na obaith, ac er bod yr haul wedi machlud arna i fwy nag unwaith, mae'n mynd i wawrio eto.

'Mae cyfloga chwaraewrs heddiw wedi mynd yn wirion bost. Yr unig *agent* fuo gen i rioed oedd Mam'

Wyn Davies

Peldroediwr

Darlledwyd: 12 Ionawr, 2003

Cerddoriaeth:
1. *Save the last dance for me*: The Drifters
2. *In dreams*: Roy Orbison
3. *Gwybod yn iawn*: Bryn Fôn
4. *Un dydd ar y tro*: Trebor Edwards

Beti George:

Rown i'n ffan mawr ohono fe ar un adeg. Roedd e'n chware dros Gymru a hefyd ro'dd e'n siarad Cymraeg. A doedd hynny ddim yn gyffredin iawn yn nhîm pêl-droed Cymru. Fe gafodd yrfa ddisglair. Tri deg a phedwar o gapie. Heddiw mae'n debyg y bydde fe mor gyfoethog â David Beckham. Ond ar ôl iddo roi'r gorau i gicio pêl yn 1978, aeth i lanhau carpedi ac wedyn i weithio mewn becws. Ie, y Cofi Wyn Davies.

Wyn Davies:
Su'dach chi Beti?

Wel dwi'n 'o lew, shwd y'ch chi?

Wel 'im bad ychi, 'm bad ytôl.

Nawr, y Cofi 'ma ynddoch chi ontife, wi'n synnu nad y'ch chi'm yn byw yng Nghaernarfon, ddim wedi dod 'nôl i fyw yno.

Dwi 'di deud erioed be faswn i 'di licio fasa dŵad adra a ca'l *holding* bach, efo digon o ieir fatha o'dd gynnon ni yn yr hen gownsil *estate* yn G'narfon, Maes Barcar. Dwi'n prowd bod ni 'di byw yn lle o'ddan ni, a digon o ieir a wya i ga'l. A dyna be o'n i'n meddwl neud, ca'l *holding* bach, fi a Mam, gwatsiad ar ôl hi, o'dd hi 'di gwatsiad ar 'nôl i ers blynyddoedd ychi. Dyna be o'n i isio neud.

Ond pam na fasech chi wedi gwneud?

Ma'r un fath â lot o betha erill wchi. Dwi'n licio plant, ac eto dwi rioed 'di priodi. Run peth â faswn i 'di priodi yn Wrecsam, fasan ni 'di gorfod symud – fel ma'n nhw'n 'ddeud yn Saesneg, *uprooting them* – i fynd i Bolton. Pum mlynadd yn Bolton, ac i fyny i Newcastle, pum mlynadd yn fan'na, dod yn ôl i lawr wedyn i Manchester. Amsar hynny wrth gwrs o'dd 'na'm llawar o bres i ga'l yn y gêm. Be o'n ni'n trio 'ngora i neud o'dd safio pres, wedyn ar ôl pasio 30 dudwch, mae'n amsar i setlo lawr. Y drwg ydi Beti, wnes i ddim! Dwi 'di setlo lawr efo'r cŵn 'dach chi'n gweld!

Ond allech chi fod wedi setlo lawr 'da'r cŵn yng Nghaernarfon?

Ma' hynna'n ddigon gwir. Er ma' gin i ast, Sali, ma' hi o G'narfon, o Bethal. A ma'r llall, ma' hwnnw'n wirion bost, mae o'n dŵad o Clithero, rwla fan'na.

Be sy' mor arbennig 'te obytu'r Cofis, heblaw 'bod nhw'n siarad mewn rhyw iaith ryfedd?

Ma'n nhw fatha'r *Geordies* ychi, ma'n nhw'n bobol prowd iawn. Amsar o'n i yn Maes Barcar o'dd y drysa bob amsar yn gorad. Ddim llawar yn dôl o'n i'n siarad efo ffrindia a finna'n deud fel bydda drysa bob amsar yn gorad. A dyma nhw'n troi rownd a deu' 'tha fi, 'Ia, do'dd 'na'm byd i gopio amsar hynny, nag o'dd?' Ma' gin y bobol delifisions a phob dim heddiw, 'dach chi'n gweld!

O'dd ych mam yn ddylanwad mawr arnoch chi felly?

O ofnadwy, o'n i'n glos efo Mam deu' gwir 'thach chi.

Wrth gwrs o'dd ych tad wedi marw cyn bod e'n ddeugain oed on'd oedd?

189

Oedd. Es i lawr ddoe efo bloda. Dwi bob amsar yn mynd ychi. Es i i'r fynwant a sbio, a 1951 o'dd Nhad farw, 39 o'dd o. Ma'n wir be 'dach chi'n 'ddeud, es i i siarad dros bedd Mam.

Y'ch chi'n gweddïo fan'ny?

Ydw. O'n i'n neud hynna'n amal iawn ychi, 'n enwedig amsar chwara ffwtbol. Amsar o'n i'n mynd i chwara efo Cymru fyddwn i'n mynd i'r toilet i ga'l rhyw sgwrs bach. O'dd hi'n braf ddoe, amsar es i â bloda, ac mi sbiais i, achos o'n i'm yn saff iawn, ond 77 o'dd Mam yn marw, yn 1993. Hi gath y job o ddod â tri o'nan ni i fyny 'dach chi'n gweld.

O'dd ych tad yn chwarelwr?

Chwarelwr.

O beth farwodd e felly?

Wel digri i chi ddeud hynna Beti. Dwi 'di ca'l y *Caernarfon & Denbigh* heno 'ma, ac o'dd 'na ryw foi sy 'di bod yn cwffio erioed dros y chwarelwrs, ac ma'n nhw i gyd yn deud, 'O, 'sna'm ffasiwn beth â llwch yn 'u *lungs* nhw'. Dwi 'di bod yn lwcus fy hun bod fi 'di madal y chwaral pan wnes i, o'n i'n ista yn sleisio'r llechi 'ma, a'r holl lwch yn yr awyr.

Pan o'n i'n 'rysgol be o'n i isio neud o'dd chwara ffwtbol. O'n i'n *hopeless* efo petha arall.

Pymtheg oed o'ch chi ontife, yn gadael yr ysgol i fynd i'r chwarel?

'Na fo, ia.

O'ch chi'n chware pêl-droed wrth gwrs, ac wedyn y sgowtiaid yn dod o gwmpas. Gethoch chi gyfle i fynd i Man. U. yr adeg honno dofe?

Do, do. Eis i am dreial yna pan o'n i o gwmpas 15, aros nos Wenar a chwara ar ddydd Sadwrn. Ges i gêm reit dda. O'na sgowt 'ramsar hynny yn byw tu allan i dre G'narfon, ac o'dd Man. United yn *keen* iawn, be o'ddan nhw'n mynd i neud o'dd 'mod i'n seinio *professionals* i G'narfon a bod Man. United wedyn yn mynd i byrnu fi. Ond nath o'm hapnio 'dach chi'weld.

A'r un peth gydag Aston Villa?

Do, es i wedyn i Aston Villa, ac o'dd Joe Mercer yno . . . chwarish i'n dda dwrnod yna, sgorish i ddwy gôl i Villa, felly dwn i'm be hapnodd, ond yn 'dôl eis i i dre.

Ac wedyn ca'l ych prynu gan Wrecsam.

Ia, dwi'm yn gwbod llawar amdan y *deal* yna. O'dd 'na wbath 'di hapnio, o'ddan nhw 'di mynd i weld Mam achos o'n i o dan oed. O'n i'n chwara efo G'narfon ac o'na hogyn o'r enw Griffiths yn y tîm o'dd wedi bod yn chwara i Wrecsam. 'Ti'm yn ffansïo mynd i Wrecsam i chwara?' medda fo wrtha i. A 'thgwrs mi o'n i'n dre ac mi seinish i'r fforms 'ma, dwn i'n be o'ddan nhw 'te, a peth nesa, o'n i ar y staff yn Wrecsam.

Beth o'dd ych oedran chi?

Sixteen, seventeen ia, yn paentio yn Wrecsam efo Ken Simkins a Ronnie Roberts, mêts mawr iawn. Y dwrnod mawr inni rŵan, i'r tri ohonan ni fynd i seinio'r fforms. A'th y ddau arall i fewn gynta' ac o'n i'n dal i baentio. Digri, medda fi wrtha'n hun. A peth nesa 'ma'r ddau'n dod allan, ac yn chwerthin. Be o'n i'n methu dallt o'dd do'n i ddim 'di seinio dim byd, a peth nesa o'n i'n chwara yn y *first team*. Wel, digri, medda fi, i mi ga'l cyflog o *eighteen pound a week* a finna'm 'di seinio dim byd. Ond 'thgwrs o'n i 'di seinio'r fforms yn G'narfon, 'dach chi'n gweld, ac o'n i'm yn gwbod dim byd amdano fo!

A shwt fywyd o'dd arnoch chi yn Wrecsam nawr, yn fachgen ifanc iawn. O'ch chi'n lojio yn Wrecsam o'ch chi?

Lojio o'n i efo Mrs Jones yn Rhosddu. Ma'n rhaid i fi ddeud hyn – mi fydd hi'n clywad rŵan – Elspeth 'di henw hi, ac o'ddan ni'n ca'lyn 'i am wsnos, ac wedyn wrth gwrs o'dd rhaid i mi fynd, gês i dransffer i Bolton. Ac o'dd Mam bob amsar yn deud, 'Ma' raid ichdi briodi hogan Gymraeg, a dyna be o'n i isio 'chi, 'blaw nath i'm hapnio 'dach chi'n gweld. A'thon ni i'r *dance* noson yna yn y *Memorial Hall*, Wrecsam.

Felly mewn gwirionedd o'ch chi'n gwbod yn iawn ffordd o'dd trin merched yn go ifanc, Wyn?

Nac o'n. O'n nhw'n meddwl bod gin i bres 'dach'weld! Wedyn mi ddechron ni . . . prentis o'n i 'fo bob dim ychi, Beti!

Felly ar ôl y pres o'n nhw?

Wel, ddim Elspeth, nac oedd. Dwi'n dal i sgwrsio efo'i ar y ffôn, wedi ca'l sgwrs heddiw ac o'dd 'i phen-blwydd hi mis yma. Os 'di'n gwrando 'de, *Happy Birthday* i chi Elspeth.

Felly y record gynta'. Ni'n mynd i ga'l y Drifters i'ch atgoffa chi o'r ddawns honno, sef Save the last dance for me. *Fel'ny o'dd 'i, ife Wyn?*

Cân gynta' erioed, amsar es i i parti yn Rhosddu yn Wrecsam, a hon o'dd yn chwara y noson yna.

* * *

Wedyn o Wrecsam i Bolton. Am faint fuoch chi'n Bolton?

Pum mlynadd. Pum mlynadd dda yn Bolton, a dwi'n dal i fod yn byw yna.

Odych, odych. Ond wedyn symud i Newcastle, wrth ych bodd yn chware i Newcastle?

O'n, ofnadwy. Ma'n nhw'n bobol glên iawn ychi, a dwi 'di deud lawar gwaith, os newch chi rwbath da, dydyn nhw byth yn angofio fo. Ma'n nhw 'di bod yn ffeind iawn hefo fi.

O'ch chi'n dipyn o arwr lan yna o'ch chi?

Oedd wir. Dwi'm yn gwbod pwy ddechr'odd y *Wyn the Leap* 'ma 'chi. Gynta' ma' un yn dechra canu '*You've not seen nothing like the mighty Wyn,*' o'ddan nhw i gyd yn canu.

Achos, wrth gwrs ymosodwr, neu centre forward *o'ch chi ontife. O'ch chi'n ymosodol?*

O, ofnadwy. Drwg ydi, amsar eis i i Bolton o'dd 'na sgidia' isio ca'l 'u llenwi fan'na, a phwy o'dd yn *centre forward* yna chydig cyn amsar hynny o'dd Nat Lofthouse [un o ymosodwyr mwyaf enwog Lloegr]. Ac wedyn 'run peth hapniodd amsar es i fyny i Newcastle – Jackie Milburn [un arall] wedi bod yno am flynyddodd. Wedyn o'dd rhaid i fi fod ar 'y ngora, a dwi'n meddwl nesh i reit dda efo'r ddau dîm.

Ond wrth gwrs o'ch chi'n ca'l ych galw'n Wyn the Leap *achos bo' chi'n neidio i fyny i benio'r bêl?*

'Na fo. Ia. A nesh i'm dysgu, dŵad i fi nath peth fel'na dach chi'n gweld. O'n i yn y *boys club* yn G'narfon. O'dd Maldwyn Roberts yn sgowt i *Spurs* amsar hynny ac o'dd o'n dŵad i fewn i weld yr hogia ifanc, a be o'dd gynno fo un diwrnod ond ryw bêl ffwtbol. Ac mi nath o'i hangio hi i fyny'n uchal o'r to ac o'ddan ni'n ciwio r'ŵan i edrach pwy fasa'n hedio'r bêl 'dach chi'n gweld. Fan'na dechr'odd hi reit siŵr i chi.

Ond o'dd penio'r bêl drw'r amser fel'na ddim yn gallu creu niwed i'r ymennydd?

Wel, 'nenwedig efo'r hen bêl, wyddoch chi be dwi'n feddwl, pêl ledar efo digon o *dubbin* arni.

Achos heddi' ma'r peli'n wahanol on'd y'n nhw?

Yndyn. Dwi 'di clywad ddim llawar yn dôl am Geoff Astle, *centre forward* 'run adag â fi, ddaru fo farw ac mi nathon nhw *post mortem* arno fo, ac wedi hedio gormod o beli o'dd o 'dach chi'n gweld. Wel damia, dwi'n drwsgwl hefyd!

Ydy'ch ymennydd chi'n iach?

Digon o *fish oil* a digon o *iron tablets* i lawr, a dwi'n olreit. Dwi'm isio *paracetamol* hyd yn hyn.

Achos, wrth gwrs, mi o'dd y peli 'ma'n drwm.

'Nenwedig 'ramsar o'dd 'i'n bwrw glaw 'de. A digri amsar hynny ychi Beti, o'n i'n *chestio* peli. O'dd o'm byd i fi amsar hynny. Os 'swn i'n neud hynna heddiw ynde, ew 'sai'n bownsio o'dd wrth 'y mol i, dwn i'm lle 'sai'n mynd!
Ma'n nhw'n fwy ffit heddiw 'ma nag o'ddan nhw ychi.

O'ch chi ddim yn ffit?

O'n, o'n. Dwi 'di bod yn ffit erioed.

Faint o ymarfer o'ch chi'n neud pan o'ch chi'n chwarae i'r gwahanol dimau 'ma?

'Sa hynny'n siomi chi. O'ddan ni'n dechra deg o'r gloch yn 'bora, a darfod deuddag o'r gloch. A 'na fo, o'ddan ni *off* wedyn 'dach chi'n gweld.

O'dd hynna bob dydd?

Tan dy' Gwenar, o'dd, ryw awr o'dd hi ar ddy' Gwenar. Faint 'di hynna mewn wsos Beti? O na, o'ddan ni'n ca'l *day off* dy' Llun, ac wedyn rhyw wyth neu naw awr o'dd o.

A *thirty pound* o'n i'n ga'l yn Bolton. Amsar hynny os 'dach chi'n cofio mi o'dd Johnny Haines yn chwara i Fulham a fo o'dd y *first hundred pound player*. Yn y *sixties* . . . ac i feddwl faint fasa fo hiddiw. O'dd o'n lot o bres on'd o'dd?

O'dd, o'dd. Ond allech chi byth â'i gymharu fe gyda rhywun fel Beckham dwedwch, sy'n ennill miliyne ar filiyne.

Wel, ma'i 'di mynd yn wirion heddiw. Yr *agents* 'ma 'di drwg. Yr unig *agent* o'dd gin i o'dd Mam. O'n i'n ffonio hi bob dwrnod. Do'dd gynnon ni'm ffôn ramsar hynny ym Maes Barcar, Beti. Wedyn, digri, mi bashish i'r ffôn heddiw 'ma yn Dinorwig Street yn G'narfon. Ac o'n i'n cofio fel byddwn i'n ddeud 'tha Mam, 'Ylwch Mam,' medda fi, 'Ffonia'i chi ar ôl chwech, wedyn newch yn saff 'bod chi yno'. Ac mi o'dd 'y mrawd Norman yn mynd â hi i lawr i Dinorwig Street, a finna'n ffonio chwech a deud sut o'dd petha'n mynd ymlaen.

Dwi'n cofio fi'n ffonio amsar esh i i Newcastle. O'n i'n poeni, o'n i'n meddwl bo fi'n mynd holl ffordd i Sgotland a fasa 'na'm posib mynd adra am *weekend* i G'nrafon. 'Be 'dach chi'n feddwl mam?' medda fi. 'Os ti'n hapus i fynd yna dos,' medda hi. A mynd wnes i. Pan gyrhaeddish i yna mi ges i groeso ofnadwy. Dave Collins, o'dd yn chwara i Gymru yn y gôl, o'dd y cynta' i ysgwyd yn llaw i.

Ond o'ch chi ddim yn Sgotland?

Wel, na. Dim ond bod o mor bell i fyny fan'na. Adag hynny o'dd 'na hogan yn Bolton, fasa ffitiach bod fi 'di phriodi hi chi, o'dd Mam yn licio hi, a dwi'n mynd i weld 'i mam hi a'i brawd hi yn amal iawn rŵan am banad o de.

Wel beth ddigwyddodd fan'na 'te Wyn?

Y transffer i Newcastle 'dach chi'n gweld. O'n i'n byw hefo'i nain 'i yn Bolton, a peth nesa o'n i'n Newcastle, ac o'dd 'i'n dŵad i fyny 'na, ac o'n i'n dod i lawr yn Bolton. Wyth mlynadd o'n i efo hi. Deud gwir 'thach chi, o'dd hi'n rhy ddel i fi. A ma' gynna hi bedwar o blant r'wan. Fel 'na ma'i . . .

Dwi'n sbio yn ôl rŵan wrth gwrs, a be 'sa'n i 'di licio fasa bod gin i hogyn bach, rhyw bedair neu bump oed, a'r hogyn bach 'ma ar ddydd Sul yn jympio ar y gwely a cwffio a hyn a llall . . .

Rose 'di henw hi 'de, ma'i bob amsar yn 'y meddwl i.

In dreams, *Roy Orbison, dyna'r record nesa.*

Ia. Dwi 'di ca'l lot o *operations* pan o'n i'n chwara ffwtbol. Mi gesh i'r tonsils allan yn Bolton pan o'n i'n ddau ddeg dau oed, a hon o'dd y gân o'ddan ni'n chwara'n amal amsar hynny, fi a Rose.

* * *

Y'ch chi Wyn yn softie *a dweud y gwir, y'ch chi?*

Ofnadwy.

O'n i'n meddwl rywsut.

Pisces dwi, achos dwi'n *moody* a chwbwl, ond mi 'na'i rwbath i rywun. Mi o'dd o'n blesar mawr heddiw 'ma, mi es i i Ysgol Pendalar [ysgol anghenion arbennig] yn G'narfon ac mi o'ddan nhw i gyd yn Man. United mad. O'ddan ni'n ca'l lot o sgwrs, dwi'n lecio mynd i lefydd fel'na.

Ond wedyn ar y cae o'ch chi'n troi yn ddyn gwahanol?

O, ofnadwy, 'nenwedig amsar esh i i Newcastle. A digri, o'n i'n chwara Sunderland, gêm gynta' ac mi hitish i'r goli hefo'n ysgwydd, a peth nesa, ges i 'mwcio. Dyma fi'n apelio, ac o'n i lawr yn York ac o'dd Joe Harvey [y rheolwr] yn ista wrth yn ochor i. Wrth gwrs o'dd o'n meddwl ma' honna o'dd y *booking* cynta' o'n i 'di ga'l. Ond dyma nhw'n dechra darllan nhw allan, '*showing dissent*', '*showing dissent*' . . . Ac o'n i'n gweld Joe Harvey'n mynd i lawr a lawr yn y sêt 'ma, yn nes ac yn nes dan y bwr'. '*Wyn, I didn't know you could paper the wall, with all the bookings you've had!*'

Pan o'n i'n Newcastle naethon ni ennill yr *FA Cup*. Hwnnw o'dd yr *highlight* i fi, i guro a bod yn *top scorer* yn tîm Newcastle. Amsar hynny mi gathon ni dripia reit dda. O'ddan ni'n mynd i bob man yn y byd. Ond wedyn mi ddoth Malcolm MacDonald ar y *scene*, a peth nesa mi ges i gyfla i fynd i lawr i Manchester City.

O'dd hwnna'n ddyrchafiad i chi?

O'n i'n 'dôl yn nes at Rose!

O dwi'n gweld!

O'n i'n aros yn Bolton eto efo'i nain hi, a mynd drosodd i Manchester, dio'm yn bell . . .

Beth o'dd ych transfer fees *chi Wyn?*

Amsar esh i o Bolton i Newcastle, o'dd o'n *ninety five thousand,* dwi'n meddwl. Ac o'n i'n chwara'n sâl ar ôl hynna. O'dd pobol, y crowd yn gweiddi '*Ninety five thousand, you're not worth nine pence*', a hyn a llall.

Newcastle, Manchester City, wedyn Manchester United. Beth o'dd y transfer fee 'te i Manchester United?

O'dd o'n mynd i lawr rŵan Beti, o'n i'n mynd yn hen 'dach chi'n gweld. Ryw *twenty five* dwi'n meddwl o'dd o rŵan.

Faint y'ch chi'n ga'l wedyn 'de. Y'ch chi'n ca'l rhyw lump sum *wedyn?*

Dipyn bach o'dd o amsar hynny. O'dd 'na rywfaint yn mynd i'r *PFA,* y *Professional Association,* a ma' rheina wedi bod reit dda efo fi a efo chwaraewrs er'ill sy 'di ca'l yr *injuries* 'ma ar ôl ffwtbol, methu mynd i ga'l *hip* neu benglin newydd dudwch.

Y'ch chi 'di gorfod ca'l y pethe newydd yma?

Dwi 'di ca'l bob dim deud gwir 'thach chi, o 'mhen reit i lawr i bodyn 'y nhroed!

Bryn Fôn nawr 'te, a Gwybod yn iawn. *Pam y'ch chi 'di dewis y record yma?*

O'n i efo Bryn ha' dwytha yn Abersoch. Tro cynta' i mi weld o. Mae o'n dipyn o *all round* 'dach chi'n gweld, actiwr, canwr a golffiwr, ac mae'n rhaid i fi ddeud ychi, y gân yma, mae'n *catchy*. Gynno fo lais da iawn, Bryn Fôn.

* * *

Tri deg chwech o'ch chi pan adawoch chi bêl-droed yn 1978, ac wedyn fel o'n i'n dweud mynd i lanhau carpedi a mynd i weithio i fecws. Seren fel chi yn pobi bara, neu'n glanhau carpedi. Ma'r peth yn anodd 'i ddeall heddi on'd yw e?

Wel, chi, rhaid i chi gym'yd be sy'n dŵad atach chi, i weithio. Dwi 'di bod yn gweithio'n galad erioed. Dwi'm yn deud, mi o'dd y ffwtbol yn hawdd. Mae pobol yn deud 'O ti'm yn teimlo fatha aros yn y gêm?' Os na dwi'n mynd i chwara, dwi'm yn mynd i gyboli i weld y gêm *at all* 'dach chi'n gweld.

Fe enilloch chi dri deg a phedwar o gapiau dros Gymru . . .

Dwi 'di chwara i Gymru yn [rowndiau rhagbrofol] y *World Cup*. Un boi sy'n arwr i fi, y *Gentle Giant*. John Charles. *All rounder*. Os o'dd 'na un dyn yn neud tîm i fyny, fo fasa hwnnw. A digri hyn rŵan, faswn i byth yn meddwl hyn, ond y cap cynta' gesh i Gymru o'dd am bod o 'di brifo. Gesh i'r cyfla i chwara i Gymru yn 'i le fo, a peth nesa, gesh i chwara efo fo yn Rwsia yn y *World Cup*.

Nawr wrth gwrs, ma' Cymru'n gneud yn dda iawn on'd y'n nhw, ma'n nhw 'di curo Ffindir a 'di curo'r Eidal. Welsoch chi'r geme hynny?

Na, o'n i'n Bolton wrth gwrs, a dim ond clips o'r gêm o'ddan ni'n ca'l 'u gweld.

O'dd Mike England yn chwara i Gymru efo fi ac o'n i'n meddwl bod o 'di gneud job ardderchog wedyn fel *manager* i Gymru. Ar ôl iddo fo fadal mi dda'th Terry Yorath ac o'n i'n meddwl bod o hefyd yn gneud job dda iawn. Ac wedyn mi dda'th Bobby Gould! Digri efo Bobby Gould, pan o'dd o'n chwara mi fyddan ni'n ca'l bet bach i weld pa run ohonon ni'n dau fasan ca'l mwya o glybia! Wedyn mi ddoth Mark Hughes wrth gwrs. Nesh i gyfarfod Mark gynta' yn Llundan amsar o'n i ar *This is your Life* efo Brian Robson.

O'ch chi ar y rhaglen honno o'ch chi?

Be ddaru hapnio, 'ma rhyw ddynas yn ffonio fi yn Bolton o *Thames Television*. O'n i'n meddwl mai am Pop Robson o'dd hi'n sôn, o'dd o'n chwara efo fi yn Newcastle. *'No, Brian Robson,'* medda hi. *'Well I don't know him, I only know that he plays for Man. United,'* medda fi. *'Wyn, you are his hero,'* medda'i wrtha i. Fasach chi byth yn meddwl, Beti, ond peth nesa, *chauffeur* tu allan i tŷ 'cw. A *terrace house* 'sgin i 'dach ch'weld. Ddylach chi weld yr holl bobol yn y stryd, 'sach chi'n meddwl bod y Cwîn 'di dŵad am banad o de.

Off â ni i Manchester *Airport*, a pwy o'dd yno ond rhan fwya o hogia Man. United. A'thon ni i'r stiwdio a ma' rhaid i fi ddeud ychi, o'n i'n nerfus ofnadwy. Mi ddudodd 'i fam a'i dad o wrtha i be o'dd 'di hapnio. Pan o'n i yn Newcastle do'dd y *kick-off* ddim tan dri o'r gloch, ond mi fasan nhw yn eu *spot* deuddag o'r gloch bob dydd Sadwrn i neud yn siŵr bo' nhw'n ca'l lle. Wedyn mi o'dd o'n 'y ngwatsiad i.

Wedyn o'dd 'i'n amsar mynd trw'r drysa 'ma i weld Eamonn Andrews. O'n i am ddŵad drwadd fatha Max Boyce efo *leek* fawr a be o'n i'n mynd i ddeud o'dd *'Newcastle always produce brilliant players, Bobby Charlton, Jackie Charlton, Brian Robson and all them, but it's all down to this thing in me hand, it's all this leeks pudding that's gone down them'*. Ond damia o'n i mor nerfus, a phan dda'th 'y nhro fi yr unig beth ddeudish i o'dd *'I wish him all the very best, him and all the the family,'* ag esh i'n ôl i ista lawr!'

A dyna pryd gwelsoch chi Mark Hughes.

Wrth fynd yn ôl ar y *bus* o'n i'n ista efo Mark Hughes ac o'dd o i weld yn hogyn distaw iawn. Er do'dd o'm yn ddistaw ar y cae, o'dd o'n galad iawn.

Ond mae e 'di creu gwyrthie gyda'r tîm on'd yw e, o' gymharu â Bobby Gould?

O llawar 'efyd. Ac mae o 'di siomi fi ar yr ochor ora. 'Blaw ma' rhaid i fi ddeud, mae o 'di chwara efo'r rhan fwya o'r chwaraewrs sydd yn y tîm, a meddwl ydw i, dwn i'm os ydwi'n rong ne' peidio, ydi ma'n beryg ar y diawl iddyn nhw ddechra'i atab o'n 'dôl. Ond ma'n nhw 'di gneud yn dda iawn a ma' gynnyn nhw *chance* da. Yr unig beth ma' gynnyn nhw gêms calad i ddŵad rŵan 'does.

Oes oes. Ond ma' gan y rheolwyr 'ma dipyn o job on'd o's e?
O'ch chi'n dod mlân 'da nhw bob amser?

'Blaw am un 'te. 'Sna 'mond un yn sticio allan 'deud gwir
'thach chi.

Pwy o'dd hwnnw?

Wel . . . Amsar ddechreuish i'n Wrecsam Billy Morris,
Cymro, o'dd yna. Yn Bolton, Bill Reading. Fyny i
Newcastle a *'God bless 'im'*, Joe Harvey. Manchester City –
Joe Mercer a Malcolm Allison – *brilliant*. Yn Man. United,
Mr O'Farrell, gŵr bonheddig. Ond wrth gwrs pwy ddoth
yna wedyn ond Tommy Docherty a 'sgin i'm llawar i
ddeud wrtho fo. Dduda'i ryw stori bach amdano fo.
Amsar ddoth o, be o'dd o'n neud o'dd ca'l 'madal â
Dennis Law, fi, a rhan fwya o'r hogia ac isio pigo'i sgwad
'i hun. Wedyn o'dd rhaid i ni fynd i chwara efo rhyw gids
bach yn y *gym* 'dach chi'n gweld, achos o'dd o'n trio ca'l
'madal â ni. A 'ma fo'n galw fi i'r offis. 'Yli,' medda fo,
'ma' Don Howe o West Brom. yn ffansio chdi, isio dy
seinio di.' 'Wel a deud gwir 'tha ti Tommy, dwi'm yn
ffansio mynd i fan'na,' medda fi.

Ar ôl hynna o'dd 'i'n mynd yn galad yna, o'ddan
nhw'n pigo arnan ni 'dach chi'n gweld, er mwyn i ni fynd
yn wirion bost. A mis wedyn 'ma fo'n ca'l fi yn yr offis
eto. 'Yli Wyn, ma' Don How wedi bod ar y ffôn eto, isio
dy seinio di,' medda fo. A 'ma fo'n pointio ata i. 'Nei di'm
chwara'n fa'ma fwy, wnei di farw'n fa'ma,' medda fo 'tha
i. Wel 'dach chi'n gwbod, gesh i'r gwyllt, do. 'Yli' medda
fi, 'be ti 'di neud yn y gêm? Ti'm 'di neud dim byd,'
medda fi. 'Dim ond rhoi clwbs mewn dylad.' Amsar o'n i

ar ffor' allan 'ma fo'n deu'tha fi 'li, 'Yli, dwy wsnos o gyflog ma' hwnna'n mynd i gostio i chdi'. A peth nesa, gesh i lythyr gin y *Board of Directors*, yn deud bod rhaid i fi apologeisio iddo fo. Dwrnod wedyn esh i i'r offis a roish i'r llythyr 'ma dan 'i drwyn o. 'Dwi'n apologeisio i chdi,' medda fi. O'dd 'na ryw *second in command* yno a dyma hwnnw'n deud 'tha fi, 'Sna'm un chwaraewr yn ca'l *get away*' efo be ddeudish i wrth y *manager*.' 'Dach chi'n gwbod be ddudodd o wrtha i?' medda fi. *'You'll play no more games here, you'll die here!'* A dyma Tommy Docherty yn troi, *'Oh, it's a Scots expression,'* medda fo. *'Listen, it's your expression, you stick to it,'* medda fi. Ac o'n i'n gwbod ar ôl hynna, Beti, o'n i ar y ffor' allan.

Pa mor anodd yw 'i i chi yn y diwedd i dderbyn 'Wel 'na fe, ma' 'nyddie pêl-droed i ar ben'?

Wel, amsar o'n i'n ifanc o'n i'n **neud** i betha hapnio. Yn diwadd o'n i'n **gwitsiad** i betha hapnio. O'n i'n gwbod yn diwadd o'dd 'na hogia gwell na fi, yn neidio'n uwch yn yr awyr na fi. Ac mi o'dd yr hen goesa'n mynd a bob dim. Digri, Beti, ma'r blynyddoedd 'di mynd ar un waith.

Shwt ma' bywyd arnoch chi'r dyddie 'ma 'te Wyn? Y'ch chi'n gallu gofalu ar ôl ych hun. Y'ch chi'n gallu coginio a phethe fel'na?

O ydw. Ma' gin i *routine*. Dydd Mawrth a dydd Iau dwi yn Bolton ac off â fi i'r *Hen and Chickens*. Dwi'n ca'l *steak and kidney pie*, neu *liver and onions*. Ma' 'na lunia ar y wal o hen chwaraewrs Bolton. Mae'n llun i yno, a chrys dwi'di seinio i fyny ar y wal. Wedyn mae'n braf yna, bob dydd

Llun a dydd Iau.

Fyddwch chi'n gweddïo weithie y dyddie 'ma, fel o'ch chi 'slawer dydd pan o'ch chi'n chware pêl-droed?

O yndw, yndw, weithia. Dwi'm yn mynd i capal, 'blaw dwi yn gweddïo 'nenwedig amsar dwi'n mynd i'ngwely a phan dwi'n ca'l 'y mwyd. A dwi'n mynd yn ôl i Mam 'dach chi'n gweld. O'n i'n glos mawr efo hi, ma'i 'di bod yn ffrind mawr. Ma' rhaid i fi ddeud hyn wrth bobol sy'n gwrando, 'nenwedig wrth y plant ifanc 'ma, gewch chi ddim gwell ffrind yn y byd na'ch mam.

A dyma ni 'di dod at y record ola'. Chi 'di dewis Trebor Edwards ag Un dydd ar y tro *Wyn.*

Wel ma' isio i bawb beidio rysio a cym'yd un dydd ar y tro on'd oes?

Ac o'dd 'ych mam yn hoff o'r record yma?

Ofnadwy. O'dd Trebor Edwards fatha Elvis Presley iddi hi.

'Mi fagodd Mrs Jones, o'dd yn methu siarad Saesneg, wyth o blant o'dd yn methu siarad Cymrâg. Nawr gweithiwch chi hwnna mas Beti.'

Norah Isaac

Darlithydd

Darlledwyd: 26 Mai, 1988

Cerddoriaeth:
1. *Cân yr Ysgol*: Dafydd Iwan
2. *Eine Kleine Nachtmusiq*: Mozart
3. *Rhaglen ddramatig yr Urdd*: Syr Ifan ab Owen Edwards
4. *Yr Arglwydd yw fy Mugail*: Côr Meibion Treorci
5. *Cân y Gobaith*: Eirlys Parry

Beti George:

Fe fyddwch chi i gyd yn nabod fy ngwestai'r wythnos hon. Dw inne'n 'i nabod, ond eto'n rhyw deimlo nad ydw i'n 'i nabod. Mae hynny mor wir am wŷr a gwragedd cyhoeddus. Ond mae un peth yn sicr, fe fydd yn rhaid imi fod yn fwy gofalus nag arfer wrth lefaru, a neud yn siŵr bod fy Nghwmrâg yn weddol gywir. Cofiwch 's dim gobeth gen i allu siarad mor loyw, mor ddifyr, mor rywiog â hi . . .

Norah Isaac:

Diolch yn fawr Beti, ond 'chi'n rhoi cyfrifoldeb aruthrol ar rywun ar ôl dweud pethe mor hurt.

'Chi'n dal i fod yn berson prysur iawn, achos dwi'n gwbod mor anodd yw 'i i ga'l gafael arnoch chi, ar y ffôn, ac ati.

Ydw. Dwi'n meddwl bod prysurdeb yn rhyw fath o fywyd i ddyn, 'dach chi'n gwbod, mae e'n rhoi egni ychwanegol pan y'ch chi yn defnyddio egni, ma' 'na egni'n dod, ond os newch chi segura, mae'n debyg mai rhyw segurdod fydd i'r corff a'r meddwl. Na dwi'n meddwl bod cadw i fynd yn her, corff a meddwl ondife.

'Chi ar bwyllgore dirifedi wrth gwrs on'd y'ch chi?

Nac ydw Beti, dwi ddim ar 'bwyllgore dirifedi', chi'n anghywir. Fe fues i ar bwyllgore dirifedi, ond maen nhw erbyn hyn wedi edrych ar *Anno Domini* dwi'n siŵr, a chael rhai iau, a dyna beth ddyle fod hefyd.

Ond y'ch chi'n dal i fod ar Gyngor yr Eisteddfod er enghraifft?

Dwi'm yn galw Cyngor yr Eisteddfod yn bwyllgor a dweud y gwir 'thoch chi. Dwi'n galw hwnna'n rhyw fath o injan, injan dân licien i iddo fe fod ondife, i gadw'r iaith Gymraeg yn gynnes, gynnes, gynnes. Na, dwi ar Gyngor yr Eisteddfod.

Ie, o'ch chi'n fodlon ca'l ych ethol ar bwyllgore, felly ma'n rhaid bo chi'n hoff o bwyllgora.

'Dech chi'n neud dadansoddiad anghywir. Weithie mae'n gyfrifoldeb arnoch chi i neud, ac fel merch mae'n gyfrifoldeb arall, achos dwi'm yn gwybod ydi pobol yn licio gormod o ferched ar bwyllgore. Ma' ca'l ambell ferch sy'n gallu bod yn bigog weithie yn help, yn sbardun i ambell ddyn sylweddoli bod y ddau ryw yn bod mewn cymdeithas. Er ma'n nhw'n gwybod hynny'n iawn wrth gwrs . . .

Ond ydyn nhw'n fodlon gwrando arnoch chi pan fyddwch chi'n siarad mewn pwyllgorau a chodi ar ych traed a dweud pethe fel y'ch chi'n dweud, yn bigog ac yn . . .

Mae'n syndod pan 'dach chi'n edrych yn ôl ar hanes yr Eisteddfod – ro'dd O.M. [Edwards] yn dweud yn 1918 y dylen ni ga'l y plant i'r Steddfod Genedlaethol, dyna'i fwrdwn e fel Llywydd y Dydd yng Nghastell-nedd. Wedyn pan edrychwch chi ar yr Eisteddfod, ac edrych ar gynulleidfa'r Eisteddfod, menywod sydd yno. 'Drychwch chi, ar wahân i begyne diwylliant megis y Cadeirio a'r Coroni, 'dach chi'n disgwyl fan honno y bydde'r lle'n weddol gyfartal, ond yn wir, menywod sy'n cynnal y boreau coffi ar hyd y cyfnod, y tair blynedd cyn hynny.

Ie, menywod ydi'r morynion ondife.

Chi sy'n dweud 'na nawr cofiwch Beti, nid y fi. Ond nhw yw'r gweithwyr . . . cymerwch wenyn 'te, nhw yw'r gweithwyr.

Ond y'ch chi erioed wedi ca'l Llywydd y Llys sy'n fenyw, a Chadeirydd y Cyngor sy'n fenyw?

Naddo, naddo.

O, pam?

Mae'n well i chi ofyn i gyfundrefn yr Eisteddfod am hynny, mae'n anodd iawn i mi ddweud rhag ofn bo' nhw'n meddwl 'mod i'n chwennych. Ma'n rhy hwyr imi chwennych bellach! Ond na, 'dach chi'n hollol iawn. Pan y'ch chi'n gwybod am ych ffrindie sy'n hyfforddi plant a hyfforddi'r ieuenctid 'ma ac yn y blaen, ma' cyfartaledd uchel iawn, iawn o'r rheiny yn ferched.

Dwi'n rhyw deimlo ontife, taech chi 'di bod yn ddyn y byddech chi 'di bod yn Llywydd, yn Gadeirydd, a hefyd yn Brifathro Coleg. 'Does dim dwywaith gen i ontife.

Cofiwch Beti, mi ddechreues i 'ngyrfa fel prifathrawes, dyna o'n i'r diwrnod cynta' pan ddechreues i ddysgu.

Ysgol Gymrâg Aberystwyth.

Ie, a dwi'n cofio bod ar riniog y drws yn llythrennol a dyn y lla'th yn dod heibio, 'phryd hynny o'n nhw'n dod â lla'th mewn stene, ac yn arllwys o'r stên i jwg a finne'n dal yn jwg a medde fe, *'Where are you now Norah?'* A finne'n dweud 'Aberystwyth'. *'Teaching now ain't you?'* – achos o'n i 'di bod yn drefnydd gyda'r Urdd, neu fel o'dd llawer iawn o'r Cymry 'ma'n dweud yn y Rhondda, yn 'organyddes' yr Urdd, *'Urdd organiser'! 'Teaching now, how many children in your class?'* medde fe. A finne'n gweud, *'Seven'* ontife. *'How many in the school then?'* A phan wedes i *'Seven'* wedyn fe fuodd e bron â sarnu'r lla'th ar 'y nhraws i. Ond chi'n 'y nghyhuddo i o beidio bod yn brifathrawes, fues i'n brifathrawes am bum mlynedd ar gwmni bach, o'dd dim tamed mwy o chwennych na hynny nac uchelgais. Mae'n dibynnu 'prif' ar beth y'ch chi, chi'n gweld, Beti. 'A fo ben, bid bont' yw hi ondife.

Beth am ych record gynta' chi nawr 'te?

Dwi'n teimlo bod Dafydd Iwan yn rhyw fath o ail-gynhyrchiad o Twm o'r Nant. Mae'n gallu dod â'i ganeuon a'i sylwade ar y gymdeithas. Mae'n gallu dychan, a ma'r dychan yn un costus i'r person sy'n 'i cha'l hi o dan 'i lach e, ond 'dyw e'n ddim byd ond hyfrydwch pur i ni sy'n hoffi cydio'n yr un lach os gallwn ni, ond ddim yn gallu canu fel Dafydd. Licien i ga'l *Cân yr Ysgol*, achos mae Dafydd wedi crynhoi beth o'dd problem Cymru oddi ar ddyddie Brad y Llyfre Gleision.

* * *

O'ch chi'n ca'l ambell i 'lesson fach yn Welsh' pan o'ch chi yn yr ysgol elfennol? Yn ble fuoch chi gyda llaw?

Yn Ysgol Blaenllynfi, Caerau – Afon Llynfi yn rhedeg trwy'r cwm. Ac yn Ysgol Uwchradd Maesteg ontife.

'Ambell i lesson yn Welsh' o'dd 'i yn yr ysgol fach?

O, yn bendant 'ambell i *lesson'*, ac ambell i berson yn siarad *'Welsh'* hefyd. A dwi'n cofio, 'dach chi'n gwybod am y nofelydd Michael Gareth Llewelyn, sgrifennodd *Watching the blooming wheat*. Ro'dd Michael Gareth Llewelyn yn digwydd bod yn Arolygwr ei Fawrhydi, a phan o'dd e'n dod o amgylch yr ysgol wedyn o'n i'n ca'l yn rhoi mas o flaen y dosbarth i adrodd pisyn bach o'dd Mam wedi 'nysgu i, yn gywir fel 'sen i'n rhywun mewn amgueddfa. Rhyw enghraifft o rywbeth o'dd yn bodoli, ond dim llawar o arwyddocâd. Yn wir i chi nawr, o'n i'n teimlo mor wahanol i'r lleill, ac o'dd yr hen blant bach yn clapio, o'n nhw'n gweld bod hon yn gallu neud y *'two spokes'* os gweden nhw. Ond o'dd e ddim yn mennu llawer arna'i, o'dd cartre hapus gyda ni, a Chymraeg i'w ga'l fan'ny.

Caerau wrth gwrs, ddim yn ardal fwya crachaidd Maesteg chwaith?

Yn sicr, ddim yn fwya crachaidd. Yn Ysgol Uwchradd Maesteg o'dd tri thŷ, Tŷ'r Afon, Tŷ'r Mynydd a Thŷ'r Ysgol. Ac yn ddaearyddol o'n nhw 'di rhannu'r tai 'ma. O amgylch yr ysgol, Tŷ'r Ysgol – plant dethol Maesteg, tai mawr. Wedyn Tŷ'r Afon, lawr o Faesteg, Cwm Felin, Garth a Llangynwyd fel'na, a rheiny'n bobol, wel rhai ohonyn nhw'n bobol ffermydd a rhyw draddodiad. Ac wedyn Tŷ'r Mynydd, pawb o'dd yn wyllt, o Nantyffyllon

211

lan i'r Caerau, Cymer, Glyncorrwg, Abergwynfi a Blaengwynfi, ac athrawon yn dweud, mae'n syndod 'bod ni wedi derbyn hyn: *'They'*, gan olygu'r Tŷ'r Mynydd, *'haven't been brought up, they've been dragged up'*. A ninne'n derbyn heb unrhyw wrthwynebiad. Ond 'rhoswch chi, Gŵyl Ddewi, pan o'dd steddfod yr ysgol, Tŷ'r Mynydd fydde'n ennill.

Ife?

Ie, ac yn yr hoci a'r tennis, rhan fwya ohonan ni o Tŷ'r Mynydd yn chware – o'n i wrth fy modd yn y chwaraeon yn y cyfnod yna. O'dd gyda ni dîm hoci i ga'l adeg gwylie, Tŷ'r Mynydd, Beti Pincot, a rheina'n dod lawr o Abergwynfi, merch i blismon Pen Pwll. Nawr o'dd hwnnw'n gwbod rhywbeth am fywyd, a Beti hefyd. Ac o'n ni'n chware gêm ar dir y *Monkey Hotel* yn Caerau. Nawr fydde neb â hunan-barch yn mynd lan ar ôl iddi dywyllu i'r *Monkey Island*. Wn i'm pwy o'dd yn byw 'na. Dwi'm yn licio dweud Gwyddelod a phobol od a phobol fel'ny, ond pobol wyllt o'n nhw i gyd. A ni blant yn mynd lan i'r *Monkey Island* i chwarae hoci. Na do'dd mo'r Caerau'n grachaidd o bell ffordd.

Ond o'dd e'n fagwreth hapus iawn fel o'ch chi'n dweud.

Hapus iawn, iawn, iawn.

O'ch chi'n byw mewn stryd felly, o'dd 'na bobol . . .

Stryd hir. Chi'mbod teras, chi fod i edrych lawr ych trwyn wrth weud *terraced house* heddi. Pan y'ch chi'n edrych

212

gwedwch ar y tai ar werth yn atodiad y *Western Mail*, pan ma' tŷ'n sefyll ar ben 'i hun, druan ac yn ca'l gwynt a stormydd y gaea i gyd, ma' hwnnw'n fwy o werth na thŷ sy'n sownd i dŷ arall, ond o'n ni'n ca'l gwres y ddeupen. O'n ni'n gwresogi drws nesa lawr, a drws nesa lan yn 'gwresogi ni. Saith deg un o'dd tŷ ni, tŷ cyffredin wrth gwrs, ac yn saith deg drws nesa o'dd Mr a Mrs Joyce yn byw, Saeson pur. Wedi treulio llawer iawn o'u hoes yn Ne Affrica, yn y mwynfeydd aur, ond wedi colli'u harian am ryw reswm, ac ynte wedi dod wedyn i'r pwll yn y Caerau. Wel, 'na wahaniaeth rhwng cartre nhw a'n cartre ni. O'n ni'n mynd mewn yn y nos, Mr a Mrs Joyce â glasiad o gwrw ar y ford a bara a chaws. Dim menyn. Saeson fel'na oeddan nhw. Drws nesa lawr wedyn, Mrs Jones, wedi dod o Gilcennin, Sir Aberteifi. O'dd ganddi wyth o blant, wel y cof cynta' sy' gen i, pan o'n i'n ddwy a hanner oed, tua dau o'r gloch y bore o'dd hi medde Mam, rhyw gynnwrf ar y stryd a finne'n mynd i'r ffenest fel croten fach i weld beth o'dd yn digwydd, ac yna fy mam yn rhoi i'n ôl yn y gwely i beidio busnesa. Beth o'dd wedi digwydd o'dd bod Mr Jones wedi ca'l 'i ladd yn y pwll glo. Wel 'na fe. O'dd Mrs Jones fan honno'n wraig weddw, yn y tŷ drws nesa lawr. Wyth o blant, do'dd dim Saesneg 'da hi. Dwi'm wedi deall hwn. Dwi 'di bod yn trio 'studio tipyn bach o ddwyieitheg yn 'y mywyd, ond ma' Mrs Jones tu hwnt i fi. Mi fagodd Mrs Jones, o'dd yn methu siarad Saesneg, wyth o blant o'dd yn methu siarad Cymrâg. Nawr gweithiwch chi hwnna mas Beti.

Dy'ch chi'm yn rhoi bai arni hi? Y'ch chi?

O'dd hi yn siarad Cymraeg gyda nhw ond do'dd hi ddim

yn mynnu bod nhw'n siarad Cymraeg yn ôl. Ond dwi ddim yn rhoi bai ar Mrs Jones am ddim byd, dwi'n meddwl bod y ffaith 'bod hi wedi magu wyth o blant yn ddi-gefen fel yna yn wrhydri ynddo'i hunan. O nac ydw. Mae 'na ystyriaethe a blaenoriaethe mewn bywyd hefyd ondife.

Yn gyffredinol, dyna be sy' wedi digwydd. O'dd Esme Lewis a'i chwaer yn byw yn rhif saith deg pump. Nawr o'dd Esme a fi yn siarad Cymrâg. O'dd iaith Morgannwg 'da Esme. O'dd mam Esme byth yn 'sgubo'r llawr, o'dd i'n 'dyspud' y llawr. O'n i'n dwlu clywed yr iaith 'ma o'n nhw'n defnyddio. Nid clwtyn llawr, fel fyddech chi a fi a'n gwreiddie ni yn Sir Aberteifi a Sir Gaerfyrddin, yn gweud . . .

Clwtyn parth ie?

Clwtyn parth. Lle fel'na o'dd y Caerau yn bendant 'chi.

Wedyn o'ch chi'n mynd o gwmpas yr eisteddfode. Beth am y stori 'na amdanoch chi'n ennill yn y Steddfod Genedlaethol a dod 'nôl i'r Caerau . . .

Beti, Beti, o's rhaid i mi'i dweud hi gerbron y genedl! Mae'n wir, 'na'r unig beth sy' gen i sefyll o'i phlaid hi. O'n i 'di digwydd ennill yn y genedlaethol. Y peth mawr i fi fan honno o'dd bod y Prins o Wêls ar llwyfan 'run pryd â fi. Dug Windsor! Yng Ngwent o'dd hi, a 'leni os bydda'i byw i fynd i Steddfod Casnewydd, bydda i'n dathlu, achos mai yng Ngwent o'dd y Steddfod Genedlaethol gynta' es i iddi 'rioed, ac ennill am adrodd o dan ddeuddeg, a Dyfnallt o'dd y beirniad . . . Dim ond pisyn bach adrodd o'dd e, rhyw bum pennill pedair llinell, dim byd ynddo fe. Ond o'dd 'Nhad a Mam gyda fi nawr ac o'n ni'n dod 'nôl ar y trên a phan o'n i'n dod i Faesteg fe wedodd rhyw fenyw, *'You wait 'till you get to Caerau'*. Wel o'n i'm yn gwybod am hynny, o'n i 'di blino'n gorn. Pan gyrhaeddes i Caerau dyma nhw'n afel ynd'o i a'n rhoi ar ben cader a mynd â fi trw'r stryd. Meddyliwch am ddydd y pethe bychen, do'dd neb arall wedi neud shwd gamp erioed, 'dach chi'n gwybod. O'n i'n bwysicach nag Amy Johnson dros dro on'd o'n i! Ond i'r gymdeithas 'chi'n gweld, o'n i'n rhywun ohonyn nhw. Do'n nhw'm yn deall beth o'n i 'di neud, ond o'n nhw'n tasgu lan trw'r Caerau a mynd â fi rownd, a rhubane a gweiddi ac yn y blaen, a 'nglanio i'n ôl yn y cartre. Peidiwch â gneud sbort Beti, achos ma' rhaid ichi gydnabod didwylledd y fro. Nid *dweud* cymdeithas glos 'dw'i. Cymdeithas glos *o'dd* hi. A fore trannoeth, dyma rhyw fenyw yn dod mewn at mam i longyfarch, do'dd hi'n gwybod dim byd am steddfod. Do'dd dim y cyhoeddusrwydd radio a theledu a phethe fel'ny pryd hynny. *'Oh! Mrs Isaac,'* medde hi, *'you must be very proud of your daughter now that she's won the Grand National.'* 'Runig beth o'n nhw 'di clywed am *'national'* o'dd ceffyle ondife. Ond 'sech chi ddim yn 'u hamharchu nhw chwaith.

Ych ail record chi Norah.

Ma' 'na rywbeth mewn cerddoriaeth sy'n gallu lleddfu poen, sy'n gallu tawelu meddwl. Adeg y rhyfel, oddwn i wedi cofrestru fel gwrthwynebydd cydwybodol. Ond o'dd Syr Ifan yn arw o wfftio gan weud 'Pwy fyse isie chi yn y Lluoedd beth bynnag?' Ond o'dd cynifer o'n ffrindie i wedi bod yn wrthwynebwyr a chyda'r Crynwyr, a chynifer o'n ffrindie i yn y Lluoedd Arfog, a 'mrawd yn hunan. O'dd e'n gyfnod erchyll. Ac o'dd yn ffrind i, Charlotte, yn Aberystwyth, chwaer Hugh Griffith yr actor, o'dd Charlotte yn berson cerddorol iawn, a bob tro o'n i'n treulio min nos yn mynd ati hi o'dd hi'n chwarae recordie a'r ffefryn o'dd *Eine Kleine Nachtmusiq*, Mozart. Mewn cyfnod o ddiffyg cymod, o'dd 'na ryw gytgord a rhyw gynghanedd a rhyw fwyneidd-dra yn y gerddoriaeth. O'dd e'n lleddfu ysbryd.

* * *

Ac wedyn, o'r Caerau fe aethoch chi i Goleg y Barri. Pam ddim coleg prifysgol felly?

Am nag o'n i'm isie. Mi geisiodd T.O. Phillips, ddoth wedyn yn Gyfarwyddwr Addysg 'ma yng Nghaerdydd, aflonyddu ar 'y nwy flynedd i yn y Barri, i ngha'l i o'na, a mynd at W.J. Gruffydd fan hyn yng Nghaerdydd. Ond o'dd 'y nhad wedi colli'i iechyd ac o'n i am orffen yn glou, am fod yn gefen i'r teulu a rhyw syniade fel'ny. Ac o'n i isie dysgu plant bach. Na, mi a'th yn ffrindie i'r brifysgol, ond dwi rioed wedi cenfigennu atyn nhw na dim byd o'r fath. Mi ges i addysg dda fan honno, a chyfle i neud pob mathe o bethe.

Do, a 'chi wedi neud pob mathe o bethe hefyd yndofe, chi'mbod yr holl bethe chi 'di neud yn y byd addysg. Nawr be sy 'di rhoi'r mwynhad mwya i chi?

Yn naturiol deng mlynedd o fodolaeth a bywyd yn

Aberystwyth, ddim yn sylweddoli'r fraint ar y pryd falle, ond 'chi'n gweld pan weda'i wrtho chi fod Syr Ifan ab Owen Edwards, Dr Gwenan Jones, yr Athro Idwal a finne wedi mynd ati i ystyried beth yw bwriad addysg Gymraeg, beth yw bwriad yr ysgol a llunio arwyddair. A dyma beth luniwyd: 'Meithrin dinasyddiaeth, bywyd Cristnogol a chariad at brydferthwch ydyw uchelgais yr ysgol'. Nawr galle hwnna fod i unrhyw ysgol, ond beth o'dd wedyn: 'Ar sail diwylliant Cymru'. Mae hwnna wedi bod yn wefr i mi'n naturiol.

O'n i'n dwp fel athrawes, o'n i'n gneud i blant chwech oed actio'r *Tri brenin o Gwlen*, un o'r dramâu miragl cynnar! Alla'i nawr y funud yma glywed rhywun fel Owen Edwards *S4C* yn dweud, 'Dere'n nes fy mhrenhines goronog', a Mrs Bowen Rees oedd y frenhines goronog. O'dd e'n ofnadw o anodd pan o'n i'n gneud hwnna gyda myfyrwyr yn y coleg wedyn, o'n i'n sylweddoli mor anodd o'dd e, ac o' nhwythau'n dweud yr un peth! Ond y'ch chi'n mentro mewn rwsut. Na, do'n i'm yn athrawes dda o gwbl, o'n i jest yn neud popeth.

Wel, dwi'm yn credu hynny ondife.

Dwi'm 'di gorffen un wers 'to! Popeth yn toddi mewn i'w gilydd!

Y'ch chi'n credu bo' chi'n berson sy' falle â'ch delfryde chi'n rhy uchel?

O, peidiwch â dweud. Mae 'nelfryde i'n uchel falle, ond yn anghyraeddadwy a dy'n nhw ddim wedi ca'l 'u cyrraedd chwaith, na'u cyflawni.

Ydi hynny'n rhoi siom i chi, siŵr o fod, ydi?

O ydi. A wyddoch chi Beti be sy'n rhoi siom i fi nawr, pan fydda i'n siarad â rhai pobol ifenc – wy'n dwlu ar bobol ifenc, wedi byw gyda nhw ar hyd y 'mywyd – ond gofyn iddyn nhw be 'chi'n mynd i neud ac yn y blaen. Ma'n nhw'n siarad am 'chi'n ca'l mwy o gyflog yn y peth a'r peth', 'dach chi'n gwbod. Nawr peidiwch â meddwl 'mod i'n gneud yn hunan damed yn *'holier than thou'*, nid dyna yw e o gwbwl, ond ma' 'na ryw siom nag yw hi ddim yn ffasiwn i siarad am ddelfryde nawr. Mae'n oes ymarferol, popeth ddarllenwch chi, y feirniadeth a'r erthygle gewch chi yn y papure gore ac yn y blaen, bod yn realydd yw'r peth mawr heddi. Wel dwi'n meddwl bod breuddwydio yn fwy o fwynhad na bod yn realydd.

A ma'ch record nesa chi yn addas iawn ar gyfer hyn, dyn â breuddwydion ondife?

Ma' dyn yn edrych 'nôl ar 'i fywyd ac yn meddwl, y peth pwysica yn 'i fywyd yn y diwedd yw bod e wedi ca'l cwrdd â phobol, achos 'na 'niddordeb i yn y diwedd, pobol. A 'dach chi 'di ca'l dylanwad gan bobol gwbwl gyffredin, ma'n nhw wedi dylanwadu arnoch chi. Ond fe ges i'r fraint o weithio gyda rhai oedd yn digwydd bod yn weledyddion, ac yn rhai ymarferol hefyd, a'r fraint benna' ges i o'dd nabod Ifan ab Owen Edwards. Fydde fe byth yn sôn am 'i dad yn gyhoeddus. Ddim byth. Ond o'dd e'n dweud cyfrinache di-ri pan o'ch chi'n mynd ar daith. Achos mi fues i, ar hyd a lled Cymru, faint o weithie dwi'm yn gwbod, gydag e. O'dd e nawr am ga'l ysgol Gymraeg ymhob man, ac os o'dd unrhyw un yn

dweud bod 'na bump o rieni isie ca'l ysgol Gymraeg yn
rhywle, bant â ni'n y car am bedwar o'r gloch ar ôl ysgol i
lefaru. Bydde fe ar 'i draed gynta' yn dweud pethe
carlamus er mwyn Cymru – chi'n gwbod, os o'dd ych
plentyn chi yn mynd i ga'l addysg Gymraeg, wel o'dd e'n
mynd i ga'l swyddi, a fydde fe'n ca'l nefoedd a phopeth.
Hynny yw, delfrydwr yn trio persawdio'r gynulleidfa.
Wedyn o'dd rhaid i finne druan fach, fel athrawes, fynd
fan honno i brofi'r pethe 'ma. A Beti, 'run man i chi
wybod, ro'dd athrawon yn gallu bod yn felltigedig o
greulon ata i, bo gen i unrhyw syniade. Bydde rhywun yn
gofyn nawr, 'Be sy'n digwydd i'r *scholarship*', a 'shwt y'ch
chi'n neud hyn' a 'shwt y'ch chi'n neud hwnna', ac yn y
blaen ac yn y blaen. Do'dd hi ddim yn hawdd, i ddweud
y gwir, ond dyna ni, o'dd Ifan ab Owen wedi ca'l
gweledigaeth i ddweud 'Cymru, Cyd-ddyn, Crist'.

Ond ma'n rhaid i ni gofio bod e wedi dechre'r Urdd,
nid oherwydd gweledigeth yn yr ystyr yna, am fod
Cymru'r Plant ddim yn talu'r ffordd. A'i dad wedi marw a
fynte'n meddwl, ma'r cylchrediad 'di mynd lawr, beth
wna i, a 'sgrifennu llythyr bach 'Blant Cymru unwch yn
yr Urdd, mi sefydlwn ni Urdd Gobaith Cymru Fach', a
cha'l yr atebion rif y gwlith o Fôn i Fynwy, a'r peth wedi
digwydd. Wel nawr, os o'dd y babi wedi'i eni, o'dd rhaid
neud rhywbeth â'r babi, o'dd raid 'ddo dyfu, ac o fan'ny
mlaen, oes ymarferol o wasanaeth.

O'ch chi'n sôn am ych delfryde a rheiny heb 'u cyrraedd falle,
ond ma'r twf yma yn y galw am addysg Gymraeg, yn enwedig
ym Morgannwg Ganol, siŵr o fod yn rhoi boddhad i chi.

Wrth gwrs 'i fod e'n rhoi boddhad i mi. Ma' 'na'n agos i

dri chant o blant yn Ysgol Gymraeg Maesteg – dyna mae'n ca'l 'i galw, ond yn Caerau ma' hi'n llythrennol. Wrth gwrs 'dyw'r plant yna ddim yn dod o gartrefi Cymraeg. Dy'n nhw ddim yn cysylltu'u hunen o angenrheidrwydd ag unrhyw gapel nac unrhyw beth fel'ny. Ma' cymdeithas wedi newid.

Odi, odi. Ma'r iaith wedi newid.

Ma'r iaith wedi newid, ma'r cyfan wedi newid. Ond o leiaf ma' hi ar dafod leferydd y plant. Pan y'ch chi'n mynd i rywbeth fel Steddfod yr Urdd ontife, y'ch chi'n gweld y bwrlwm o'ch bla'n chi, ac mae hynny'n rhoi boddhad mawr . . .

Ond ar yr un pryd wrth gwrs, ma' safon yr iaith wedi dirywio.

O wel, ma' rhaid chi gydnabod hynny. O'n i'n nabod ych rhieni chi, Beti, hyd yn o'd y chi sy'n berffeth ar deledu! Na dwi'n deud y gwir Beti, dim mater o sebon, ond o'dd ych rhieni chi siŵr o fod fel yn rhieni i o'dd yn dod o'r un ardal, yn siarad coethach Cymrâg, a gair at 'u galw. Chi'n gweld, 'na chi nawr yn cydied yn y papur 'na, o chi'm yn gwybod gynne pa ben o'r papur o'dd yn iawn. Byddech chi'n dweud, 'pa ben o'r papur' ond fe fydde mam yn dweud 'wel pa ben sy gwlltwr'. 'Cwlltwr' yw yr aradr, a ble ma' min yr aradr, wel ble ma'r min yw'r lle iawn. Ond ma' pethe fel'na wedi mynd ar goll. Cofiwch ma' idiome newydd yn dod mewn.

Ie. Idiome Seisnig.

Idiome Seisnig.

Ond y'ch chi'n fodlon derbyn hynny? Yr hyn sy'n bwysig i chi,
fod yr iaith yn parhau, ie?

Ma' rhaid i chi gyfaddawdu weithie. Ond na, fe fysen i'n
licio'i bod hi'n parhau gyda'r un perseinedd ag o'n i'n
clywed gyda rhai o'r pregethwyr ac arweinwyr y genedl.
Dwi ddim isie clywed bratiaith, ac yn amal iawn dyna
yw'r hyn a elwir yn Gymraeg, bratiaith.

Ond dyna fel mae'n mynd i fod ynde?

Am wn i, mae'n mynd i ddibynnu llawer iawn arnoch chi
bobol y cyfrynge. Os y'ch chi'n mynd i werthu bratiaith
i'n clustie ni, dyna beth fydd yn disgyn ar glustie plentyn,
achos *clywed* iaith ma' plentyn . . . Dwi'n siŵr fod y
patryme gawsoch chi a fi ar yr aelwyd – o'r gore, o'n ni'n
'i ga'l e yn y capel, ac o'dd safone darllen gyda ni hefyd.
'Dyw darllen ddim yn digwydd bod yn ddiddordeb
hamdden i fwyafrif plant heddi. Y gwir yw ma' 'na
gymint o bethe erill mwy diddorol. Wedi'r cyfan ry'n ni
yn oes y cyfrifiadur. Ma' symbole lawn cystal â gair.
Mae'n gyfnod newydd a ma' rhaid i ni dderbyn mae'n
debyg.

Onid oes 'na gyfle fan hyn i rywun fel chi i fynd ati i sgrifennu
llawlyfr swmpus ar y Gymraeg, rhywbeth tebyg i'r Fowlers yn
Saesneg?

Ma' 'na ddigon o ysgolheigion yn y Brifysgol i neud hyn.
Pwyslais yw e, be sy' bwysicaf ger ein bron ni i gyd.

Dwi'n hoff iawn o ganu pop. Ond o safbwynt dysgu geirfa, ma' un gân werin yn dysgu dwsin mwy o eiriau na dweud yr un peth. Chi'mbod, 'Rwy'n dy garu, rwy'n dy garu, rwy'n dy garu, rwy'n dy garu di. Rwyt ti'n fy ngharu i.' Ond o'dd cân serch o'r ddeunawfed ganrif yn cymharu'r ferch â phob math o bethe hyfryd, ac o'dd y torcalon a'r cyfan, 'dech chi'n gweld geirfa'n dod yn 'u canu nhw. Cofiwch ma' Dafydd Iwan yn gallu neud e'n lew. Ma' 'na eirfa a hyfrydwch yn 'i ganu fe. Ydych chi'n meddwl bydde cynulleidfa heddi'n mwynhau Twm o'r Nant? Meddylwch am yr iaith o'dd gydag e yn 'i ganu.

Ych record nesa chi – Côr Treorci.

Ma' Côr Treorci yn gynrychioleth i fi o'r canu o'dd yn 'y magwreth i. Yn yn capel ni'n unig o'dd 'da ni gerddorfa, o'ddan ni'n ca'l *Elijah* a'r *Messiah*, *Judas Macabeus* a'r rhain i gyd yn y capel. Ro'dd côr gyda ni yn y capel, ac wedyn Côr Treorci yn y Rhondda, John Davies, yr athrylith bach 'na o brifathro yn Mlaenrhondda yn arwain.

*   *   *

A dyma ni wedi dod at yn record ola', heb ryw lawer o siarad rhyngthyn nhw felly, ac y'ch chi 'di dewis cân o'r enw Cân y Gobaith. *Felly ydych chi'n berson gobeithiol?*

Ma'n rhaid bod yn obeithiol. Os nad y'ch chi'n obeithiol, 'dach chi bron yn credu mai gyda chi ma'r gallu a'r cyfan i lywio'r dyfodol. Chi'n gorfod pasio'r cyfan mlân i genhedleth arall nawr a chenhedleth arall. A ma'n rhaid i chi fod â'r un gobeth ag oedd yn Urdd **Gobaith** Cymru.

Yr un syniad. A dwi 'di dewis *Cân y Gobaith*, nid yn unig achos 'bod hi'n gân sy'n wefr o obaith a ffydd yn y dyfodol, ond oherwydd mai Eirlys Parry sy'n 'i chanu hi. Gaiff Eirlys gynrychioli i fi nawr y cenedlaethe o fyfyrwyr y ces i'r fraint o fod gyda nhw yng Ngholeg y Drindod. Ag Eirlys yn dalp o Gymreictod Llŷn, fan yna, fel y bydden ni'n cydweithio – gymerodd hi ddrama yn y coleg, a bydden ni'n cydweithio i greu caneuon, fel 'sech chi'n meddwl . . . Cân gobaith. Dwi'n ddigon bodlon 'mod i'n gorffen ar y nodyn yna, achos nid yn ein dwylo ni mae e. Trosglwyddo ein hetifeddiaeth i'r genhedlaeth sy'n codi a gadel iddyn nhw ffeindio'u ffordd, fel y cawson ni'r fraint o neud.